Inhaltsverzeichnis

Rechnen bis 100 ... 2 – 5
Einmaleins ... 6 – 9
Sachaufgaben ... 10 – 11
Symmetrie ... 12
Muster ... 13

Zahlen bis 1 000 ... 14 – 17
Hundertertafeln ... 18
Wege auf den Hundertertafeln ... 19
Schaubilder ... 20 – 21
Geld ... 22 – 23

Addieren bis 1 000 ... 24
Subtrahieren ... 25
Runden ... 26
Addieren und Subtrahieren ... 27
Halbschriftliches Addieren ... 28
Halbschriftliches Subtrahieren ... 29
Geschicktes Rechnen ... 30 – 31
Sachaufgaben ... 32 – 33
Körper ... 34
Netze ... 35
Schriftliches Addieren ... 36 – 37
Schriftliches Subtrahieren ... 38 – 39
Überschlagen mit Geld ... 40
Schriftliches Rechnen mit Geld ... 41

Zeit ... 42 – 43
Kombinieren ... 44 – 45
Diagramme ... 46
Wahrscheinlichkeit ... 47
Multiplizieren mit großen Zahlen ... 48
Dividieren mit großen Zahlen ... 49
Schätzen ... 50
Punkt- vor Strichrechnung ... 51
Halbschriftliches Multiplizieren ... 52 – 53
Halbschriftliches Dividieren ... 54 – 55

Längen ... 56 – 57
Gewichte ... 58 – 59
Sachaufgaben mit gemischten Größen ... 60 – 61
Würfelgebäude ... 62
Planquadrate ... 63
Gemischtes Rechnen bis 1 000 ... 64

D1925283

1 Welche Aufgaben passen zum Bild? Kreuze sie an und rechne.

☐ 23 + 4 = ____	☐ 55 + 28 = ____	☐ 100 − 11 = ____
☐ 23 − 4 = ____	☐ 55 − 28 = ____	☐ 80 + 13 = ____
☐ 19 − 4 = ____	☐ 28 + 55 = ____	☐ 80 + 11 = ____
☐ 19 + 4 = ____	☐ 25 + 58 = ____	☐ 80 − 11 = ____

☐ 25 + 7 = ____	☐ 64 € + 3 € = ____	☐ 9 + 17 = ____
☐ 32 + 7 = ____	☐ 64 € + 21 € = ____	☐ 7 + 9 = ____
☐ 32 − 7 = ____	☐ 21 € − 64 € = ____	☐ 17 + 19 = ____
☐ 32 − 17 = ____	☐ 21 € − 12 € = ____	☐ 17 + 9 = ____

2 Male die Edelsteine in zwei verschiedenen Farben an und schreibe passende Aufgaben.

____________________ ____________________

3 Welche Aufgaben findest du noch im Bild?
Schreibe sie auf und rechne.

4 Was wollten die Diebe noch stehlen? Male die Dinge in die Kiste und schreibe passende Aufgaben.

1 Wie heißen die Lösungswörter?
Zu jedem Ergebnis gehört ein Buchstabe.

3	8	11	12	27	28	35	40	47	54	59	60	61	73	84	98
V	F	I	R	E	A	K	D	U	N	Z	O	H	B	T	L

14 + 26 = ____ ____
80 – 53 = ____ ____
100 – 16 = ____ ____
8 + 19 = ____ ____
77 – 42 = ____ ____
50 + 34 = ____ ____
67 – 56 = ____ ____
94 – 91 = ____

83 – 43 = ____ ____
96 – 85 = ____ ____
42 – 15 = ____ ____
65 + 8 = ____

80 – 21 = ____ ____
44 – 16 = ____ ____
5 + 56 = ____ ____
53 + 45 = ____ ____
92 – 65 = ____ ____
27 + 27 = ____ ____
36 + 23 = ____ ____
23 + 37 = ____ ____
3 + 9 = ____ ____
71 – 59 = ____ ____
57 + 3 = ____

2 Welche Zahl ist es?

Diese Zahl hat 6 Zehner und halb so viele Einer: ____

Diese Zahl ist größer als 70 und kleiner als 100.
Sie hat doppelt so viele Zehner wie Einer: ____

Diese Zahl ist größer als 83 und kleiner als 87.
Es ist eine ungerade Zahl: ____

Diese Zahl ist die Summe von 46 und 27: ____

3 Wie geht es weiter? Hilf dem Spürhund Schnüff.

8	15	22	29					64
83	74	65	56					11
25	31	29	35	33				41

4 Kreuze alle Aufgaben an,

… deren Ergebnis 52 ist.

- [ ] 18 + 24 - [ ] 7 + 45 - [ ] 17 + 35
- [ ] 31 + 21 - [ ] 60 − 2 - [ ] 97 − 25
- [ ] 90 − 28 - [ ] 84 − 32 - [ ] 71 − 19

… deren Ergebnis kleiner als 37 ist.

- [ ] 57 − 30 - [ ] 70 − 33 - [ ] 96 − 48
- [ ] 15 + 23 - [ ] 9 + 25 - [ ] 82 − 45
- [ ] 81 − 54 - [ ] 14 + 19 - [ ] 29 + 8

5

35 —(+ 8)— ◯ —(− 23)— ◯ —(− 14)— ◯ —(+ 59)— ◯ —(− 16)— 49

86 —( )— 58 —(+ 34)— ◯ —(− 7)— ◯ —(− 23)— ◯ —(+ 19)— 81

8 —(+ 45)— ◯ —( )— 39 —(− 14)— ◯ —(+ 57)— ◯ —(− 4)— ◯ —( )— 91 —( )— 4 —(+ 79)— ◯ —(− 45)— ◯ —(+ 19)— ◯ —(− 18)— 39

1

·	1	2	3	4	5	6	7	8	9	10
1										
2										
5										
10										

2 Rechne erst die Kernaufgaben, dann die Nachbaraufgaben.

2 · 5 = ___
3 · 5 = ___
4 · 5 = ___
5 · 5 = ___

3 · 3 = ___
4 · 3 = ___
5 · 3 = ___
___

5 · 7 = ___
6 · 7 = ___
___
___

10 · 4 = ___
9 · 4 = ___
___
___

1 · 9 = ___
___
___
___

___
5 · 2 = ___
___
___

___
2 · 8 = ___
___
___

___
___
___
10 · 6 = ___

3 Wie geht es weiter? Hilf dem Spürhund Schnüff.

5, 10, ___, ___, ___, 30 | 70, 60, ___, ___, ___, 20

6, 12, ___, ___, ___, 36 | 63, 54, ___, ___, ___, 18

28, 35, ___, ___, ___, 63 | 18, 15, ___, ___, ___, 3

24, 32, ___, ___, ___, 64 | 20, 18, ___, ___, ___, 10

4 Rechne. Streiche die falschen Malaufgaben durch.

Ergebnis: 16	**Ergebnis: 24**	**Ergebnis: 42**
$8 \cdot 2 =$ ____	$8 \cdot 3 =$ ____	$7 \cdot 6 =$ ____
$4 \cdot 4 =$ ____	$3 \cdot 8 =$ ____	$6 \cdot 8 =$ ____
$2 \cdot 8 =$ ____	$6 \cdot 4 =$ ____	$8 \cdot 6 =$ ____
$4 \cdot 8 =$ ____	$6 \cdot 6 =$ ____	$6 \cdot 7 =$ ____

Ergebnis: 56	**Ergebnis: 36**	**Ergebnis: 45**
$5 \cdot 6 =$ ____	$8 \cdot 4 =$ ____	$4 \cdot 5 =$ ____
$8 \cdot 6 =$ ____	$9 \cdot 4 =$ ____	$8 \cdot 5 =$ ____
$8 \cdot 7 =$ ____	$4 \cdot 9 =$ ____	$9 \cdot 5 =$ ____
$6 \cdot 7 =$ ____	$4 \cdot 8 =$ ____	$5 \cdot 9 =$ ____

5 Immer drei Aufgaben haben dasselbe Ergebnis.
Umrande sie in gleicher Farbe.

$8 \cdot 5$ $3 \cdot 6$ $2 \cdot 8$ $6 \cdot 5$ $2 \cdot 9$ $5 \cdot 6$

$10 \cdot 2$ $3 \cdot 10$ $2 \cdot 10$ $2 \cdot 6$ $5 \cdot 8$ $8 \cdot 2$

$5 \cdot 4$ $6 \cdot 3$ $4 \cdot 6$ $6 \cdot 4$ $6 \cdot 2$

$3 \cdot 8$ $3 \cdot 4$ $4 \cdot 10$ $4 \cdot 4$

1

___ · 5 = 30	___ · 6 = 24	___ · 6 = 18
5 · ___ = 30	6 · ___ = 24	6 · ___ = 18
30 : 5 = ___	24 : 4 = ___	18 : 6 = ___
30 : 6 = ___	24 : 6 = ___	18 : 3 = ___

2 Rechne die Geteiltaufgabe. Prüfe mit der Umkehraufgabe.

30 : 5 = ___, denn ___ · 5 = 30
24 : 8 = ___, denn ___ · 8 = 24
20 : 2 = ___, denn ___ · 2 = 20
36 : 6 = ___, denn ___ · 6 = 36

28 : 4 = ___, denn ___ · 4 = 28
56 : 7 = ___, denn ___ · 7 = 56
56 : 8 = ___, denn ___ · 8 = 56
81 : 9 = ___, denn ___ · 9 = 81

3

20 : 2 = ___	40 : 4 = ___	36 : 4 = ___
20 : 4 = ___	40 : 5 = ___	36 : 6 = ___
20 : 5 = ___	40 : 8 = ___	36 : 9 = ___
25 : 5 = ___	42 : 6 = ___	28 : 7 = ___
35 : 5 = ___	48 : 6 = ___	42 : 7 = ___
45 : 5 = ___	60 : 6 = ___	49 : 7 = ___

4

Die fünf Diebe teilen ihre Beute gerecht auf.
Wie viele Gegenstände bleiben jeweils übrig?

16 Diamanten	16 : 5 = ____	Rest ____
30 Uhren	30 : 5 = ____	Rest ____
29 Ketten	29 : 5 = ____	Rest ____
25 Ringe	25 : 5 = ____	Rest ____
37 Silberteller	37 : 5 = ____	Rest ____
60 Goldmünzen	60 : 5 = ____	Rest ____

5 Bei welchen Aufgaben bleibt kein Rest? Kreise ein.

15 : 4	18 : 4	20 : 4	24 : 4	30 : 4
15 : 5	18 : 5	20 : 5	24 : 5	30 : 5
15 : 6	18 : 6	20 : 6	24 : 6	30 : 6
15 : 7	18 : 7	20 : 7	24 : 7	30 : 7

56 : 7	72 : 7	90 : 7
56 : 8	72 : 8	90 : 8
56 : 9	72 : 9	90 : 9
56 : 10	72 : 10	90 : 10

1 Kreuze die passende Rechnung an. Trage die Lösung ein.

Die Detektive Schleich und Klein beobachten ihre Nachbarn.
In ihrer Straße stehen 25 Häuser.
In jedem Haus wohnen zwei Familien.

☐ $25 \cdot 2$ ☐ $25 + 2$ ☐ $25 - 2$

In der Straße wohnen ______ Familien.

Schleich und Klein haben einen Kratzer an ihrem Auto festgestellt. Der Kratzer ist 20 cm lang. 30 Leute kommen jeden Tag an dem Auto vorbei. Die Hälfte dieser Leute kommt als Täter in Frage.

☐ $20 + 30$ ☐ $30 - 20$ ☐ $30 : 2$ ☐ $20 : 2$

Es kommen ______ Leute als Täter in Frage.

Nachbar Lang hat beobachtet, dass ein Fahrradfahrer den Kratzer am Auto verursacht hat. Drei Frauen, zwei Männer und zehn Kinder fahren Fahrrad.

☐ $3 + 2 + 10$ ☐ $10 - 3 - 2$ ☐ $3 \cdot 2 \cdot 10$

Es gibt ______ Fahrradfahrer.

2 Kreuze die Frage an, die du beantworten kannst.

Die Detektive Schleich und Klein lassen den Schaden an ihrem Auto reparieren. Sie bezahlen mit einem 100-€-Schein. Sie bekommen 40 € zurück.

☐ Wer hat den Schaden repariert?

☐ Warum war die Reparatur so teuer?

☐ Wie teuer war die Reparatur?

Die Detektive Schleich und Klein warten mit ihrem Auto vor dem Haus eines Verdächtigen. Um 15:00 Uhr hat der Mann das Haus betreten. Jetzt ist es 16:30 Uhr.

☐ Wie heißt der Verdächtige?

☐ Wie lange ist der Verdächtige schon im Haus?

☐ Warum ist der Mann verdächtig?

Der 2 Meter große Verdächtige verlässt das Haus. Er trägt eine Kiste, die halb so lang ist wie er selbst.

☐ Wie lang ist die Kiste?

☐ Warum hat der Verdächtige eine Kiste bei sich?

☐ Was ist in der Kiste?

1 Welche Figuren sind symmetrisch?

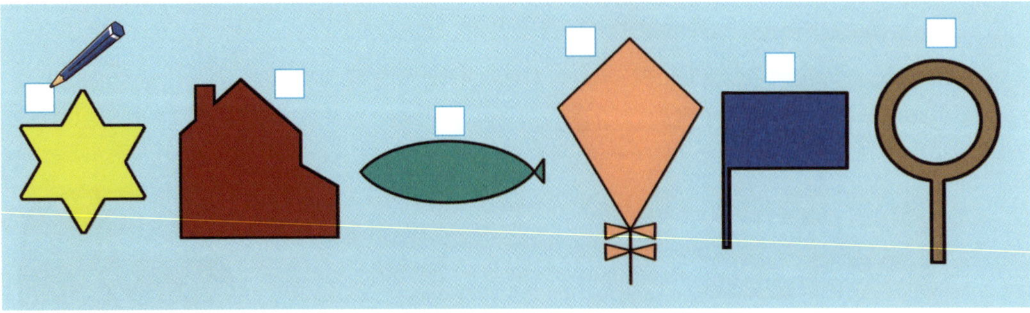

2 Ergänze symmetrisch.

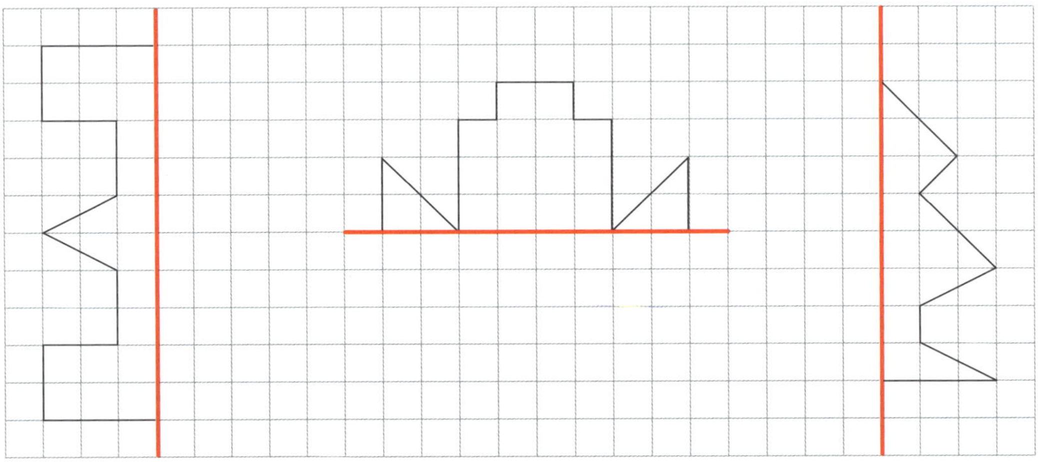

3 Zeichne die Symmetrieachsen ein.

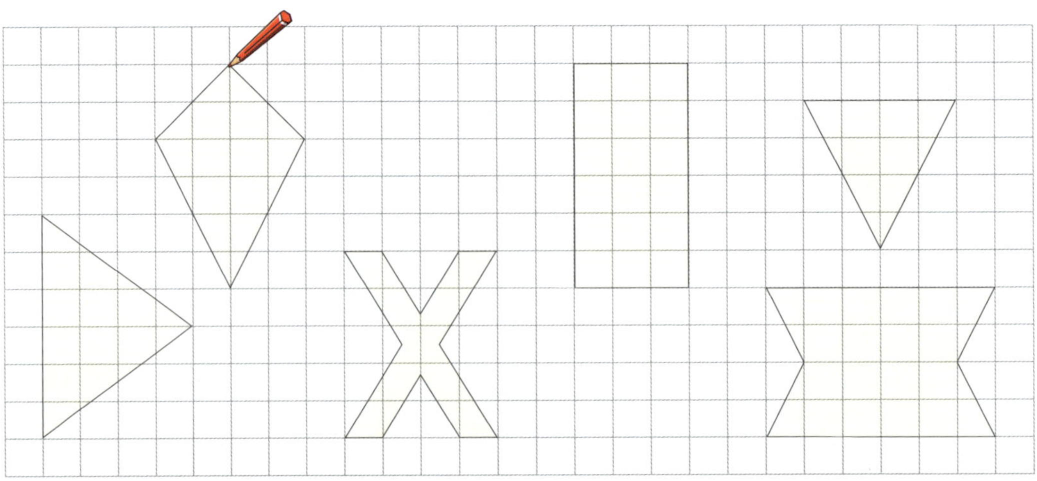

1 Vervollständige das Muster.

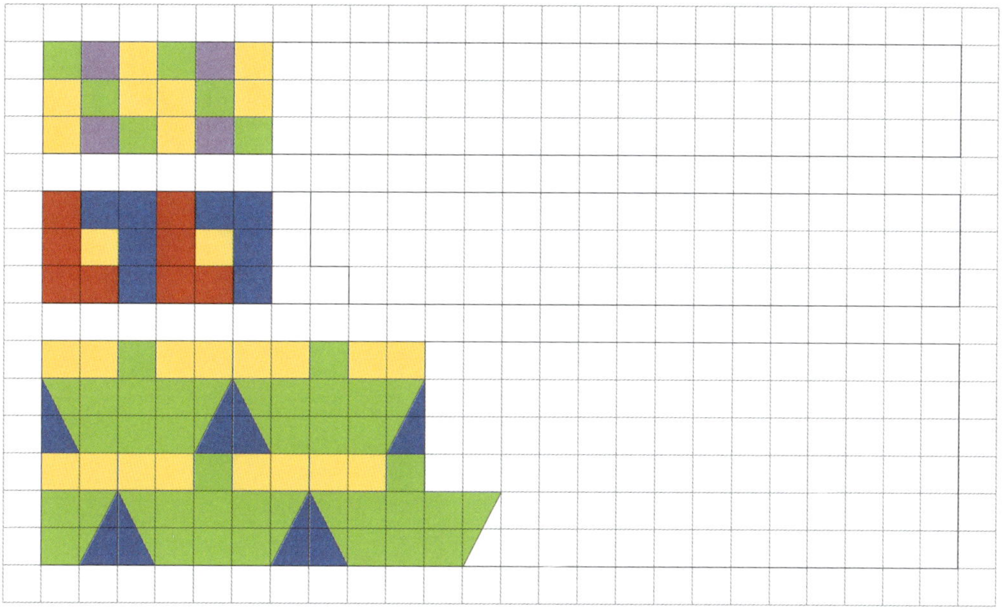

2 Vervollständige das Muster.

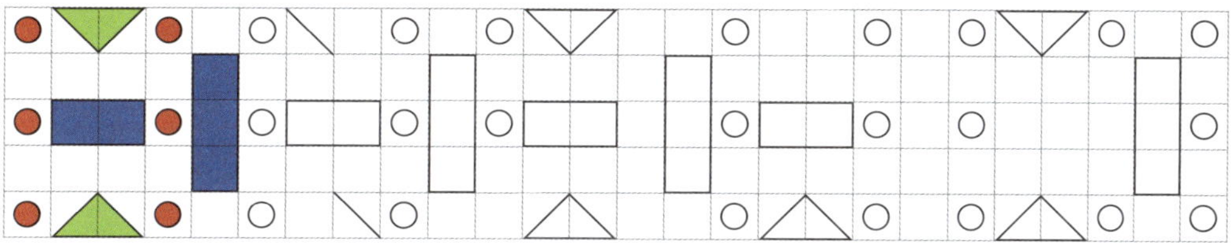

3 Spiegele das Muster. Male an.

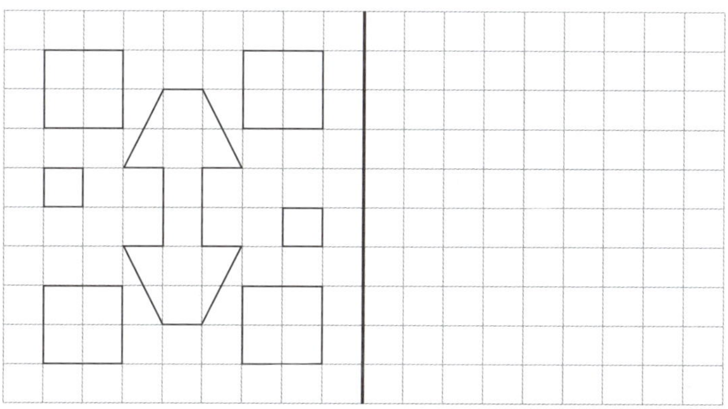

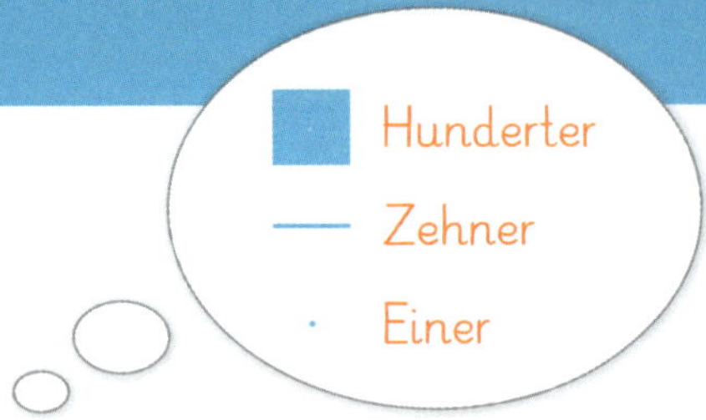

1 Trage ein. Schreibe die Zahl.

H	Z	E
3	4	2

___

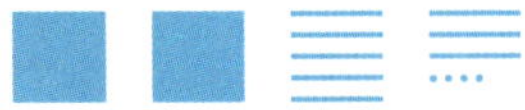

H	Z	E

___

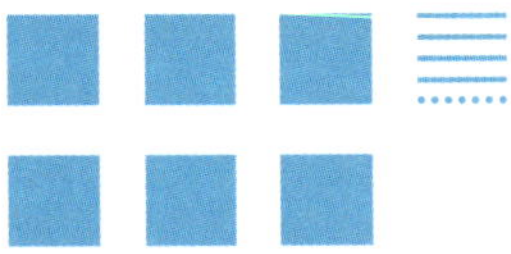

H	Z	E

___

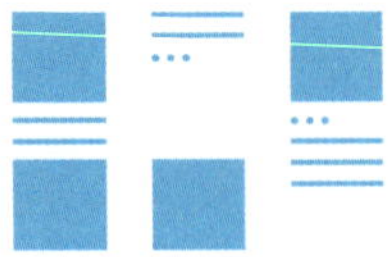

H	Z	E

___

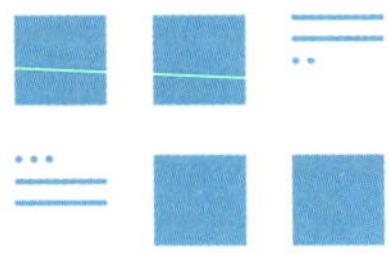

H	Z	E

___

2

	H	Z	E	Zahl
5 H 3 Z	5	3	0	530
7 H 8 Z 2 E				
2 H 3 E 1 Z				
4 Z 8 H 9 E				
6 Z 2 E				
6 H 2 Z				
6 H 2 E				
2 E 5 Z 1 H				

3

1 H + 2 E = 100 + 0 + 2 = 102

6 H + 3 Z + 5 E = ___

2 Z + 8 H + 6 E = ___

4 H + 7 E = ___

4 H + 5 Z = ___

9 E + 7 H + 6 Z = ___

4

400 + 60 + 4 = ______

300 + 30 + 8 = ______

500 + 7 + 30 = ______

20 + 200 + 5 = ______

60 + 3 + 100 = ______

2 + 800 + 30 = ______

5 Zerlege die Zahlen so: 136 = 100 + 30 + 6

582 = ______________

716 = ______________

348 = ______________

690 = ______________

973 = ______________

406 = ______________

6 Immer 2 Zahlen ergeben 1 000. Male sie in der gleichen Farbe an.

7

1 Wie heißen die Zahlen?

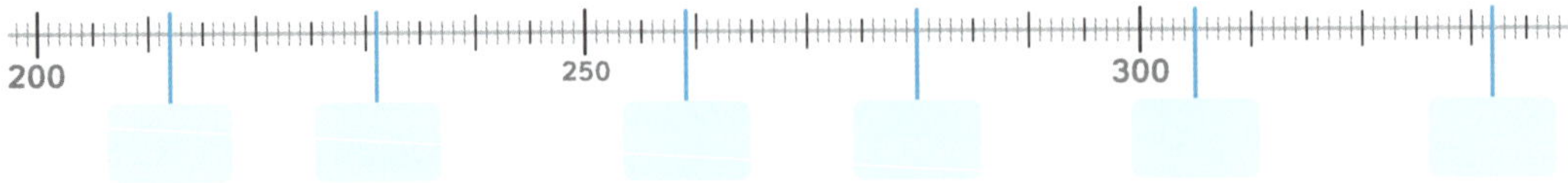

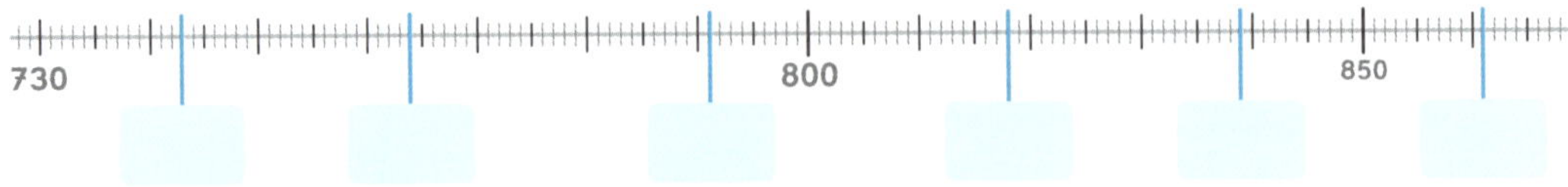

2 Nachbarzahlen

3 Nachbar**zehner**

______	173	______	______	256	______	______	402	______
______	371	______	______	562	______	______	484	______
______	549	______	______	797	______	______	618	______

4 Nachbar**hunderter**

______	173	______	______	256	______	______	801	______
______	371	______	______	562	______	______	642	______
______	549	______	______	797	______	______	933	______

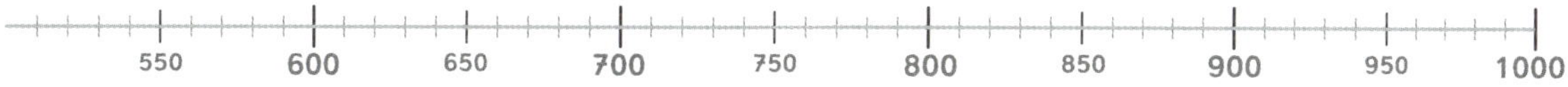

5 Vor und zurück zum Nachbarzehner.

224 + ______ = 230 476 + ______ 807 + ______

224 – ______ = 220 476 – ______ 807 – ______

6 Vor zum Nachbarhunderter.

420 + ______ = 500 185 + ______ 760 + ______

370 + ______ 545 + ______ 768 + ______

225 + ______ 630 + ______ 972 + ______

7 Zurück zum Nachbarhunderter.

271 – ______ = 200 437 – ______ 502 – ______

164 – ______ 918 – ______ 798 – ______

321 – ______ 666 – ______ 836 – ______

8 Wie geht es weiter? Hilf dem Spürhund Schnüff.

335, 345, ___, ___, ___, ___, ___, 405

622, 642, ___, ___, ___, ___, ___, 762

465, 455, ___, ___, ___, ___, ___, 395

9 < oder > ?

684 ◯ 589 256 ◯ 239 771 ◯ 717

312 ◯ 321 868 ◯ 884 531 ◯ 629

431 ◯ 341 937 ◯ 973 196 ◯ 238

Hundertertafeln

1	2	3	4	5	6	7	8	9	10
11	12	13	14	15	16	17	18	19	20
21	22	23	24	25	26	27	28	29	30
31	32	33	34	35	36	37	38	39	40
41	42	43	44	45	46	47	48	49	50
51	52	53	54	55	56	57	58	59	60
61	62	63	64	65	66	67	68	69	70
71	72	73	74	75	76	77	78	79	80
81	82	83	84	85	86	87	88	89	90
91	92	93	94	95	96	97	98	99	100

101	102	103	104	105	106	107	108	109	110
111	112	113	114	115	116	117	118	119	120
121	122	123	124	125	126	127	128	129	130
131	132	133	134	135	136	137	138	139	140
141	142	143	144	145	146	147	148	149	150
151	152	153	154	155	156	157	158	159	160
161	162	163	164	165	166	167	168	169	170
171	172	173	174	175	176	177	178	179	180
181	182	183	184	185	186	187	188	189	190
191	192	193	194	195	196	197	198	199	200

201	202	203	204	205	206	207	208	209	210
211	212	213	214	215	216	217	218	219	220
221	222	223	224	225	226	227	228	229	230
231	232	233	234	235	236	237	238	239	240
241	242	243	244	245	246	247	248	249	250
251	252	253	254	255	256	257	258	259	260
261	262	263	264	265	266	267	268	269	270
271	272	273	274	275	276	277	278	279	280
281	282	283	284	285	286	287	288	289	290
291	292	293	294	295	296	297	298	299	300

301	302	303	304	305	306	307	308	309	310
311	312	313	314	315	316	317	318	319	320
321	322	323	324	325	326	327	328	329	330
331	332	333	334	335	336	337	338	339	340
341	342	343	344	345	346	347	348	349	350
351	352	353	354	355	356	357	358	359	360
361	362	363	364	365	366	367	368	369	370
371	372	373	374	375	376	377	378	379	380
381	382	383	384	385	386	387	388	389	390
391	392	393	394	395	396	397	398	399	400

401	402	403	404	405	406	407	408	409	410
411	412	413	414	415	416	417	418	419	420
421	422	423	424	425	426	427	428	429	430
431	432	433	434	435	436	437	438	439	440
441	442	443	444	445	446	447	448	449	450
451	452	453	454	455	456	457	458	459	460
461	462	463	464	465	466	467	468	469	470
471	472	473	474	475	476	477	478	479	480
481	482	483	484	485	486	487	488	489	490
491	492	493	494	495	496	497	498	499	500

1 Welche Zahlen können es sein?

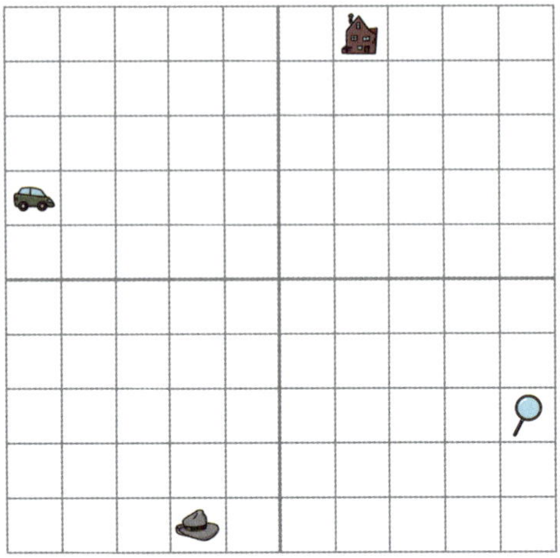

7, 107,

907

2 Ausschnitte aus den Hundertertafeln

	164	

		334

611		

		415	

	568	

		760

501	502	503	504	505	506	507	508	509	510
511	512	513	514	515	516	517	518	519	520
521	522	523	524	525	526	527	528	529	530
531	532	533	534	535	536	537	538	539	540
541	542	543	544	545	546	547	548	549	550
551	552	553	554	555	556	557	558	559	560
561	562	563	564	565	566	567	568	569	570
571	572	573	574	575	576	577	578	579	580
581	582	583	584	585	586	587	588	589	590
591	592	593	594	595	596	597	598	599	600

601	602	603	604	605	606	607	608	609	610
611	612	613	614	615	616	617	618	619	620
621	622	623	624	625	626	627	628	629	630
631	632	633	634	635	636	637	638	339	640
641	642	643	644	645	646	647	648	649	650
651	652	653	654	655	656	657	658	659	660
661	662	663	664	665	666	667	668	669	670
671	672	673	674	675	676	677	678	679	680
681	682	683	684	685	686	687	688	689	690
691	692	693	694	695	696	697	698	699	700

701	702	703	704	705	706	707	708	709	710
711	712	713	714	715	716	717	718	719	720
721	722	723	724	725	726	727	728	729	730
731	732	733	734	735	736	737	738	739	740
741	742	743	744	745	746	747	748	749	750
751	752	753	754	755	756	757	758	759	760
761	762	763	764	765	766	767	768	769	770
771	772	773	774	775	776	777	778	779	780
781	782	783	784	785	786	787	788	789	790
791	792	793	794	795	796	797	798	799	800

801	802	803	804	805	806	807	808	809	810
811	812	813	814	815	816	817	818	819	820
821	822	823	824	825	826	827	828	829	830
831	832	833	834	835	836	837	838	839	840
841	842	843	844	845	846	847	848	849	850
851	852	853	854	855	856	857	858	869	860
861	862	863	864	865	866	867	868	869	870
871	872	873	874	875	876	877	878	879	880
881	882	883	884	885	886	887	888	889	890
891	892	893	894	895	896	897	898	899	900

901	902	903	904	905	906	907	908	909	910
911	912	913	914	915	916	917	918	919	920
921	922	923	924	925	926	927	928	929	930
931	932	933	934	935	936	937	938	939	940
941	942	943	944	945	946	947	948	949	950
951	952	953	954	955	956	957	958	959	960
961	962	963	964	965	966	967	968	969	970
971	972	973	974	975	976	977	978	979	980
981	982	983	984	985	986	987	988	989	990
991	992	993	994	995	996	997	998	999	1000

1 Folge den Pfeilen und notiere die Felder.

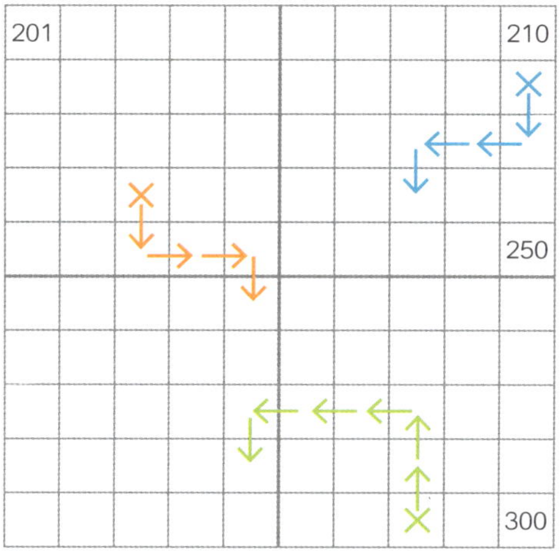

×	↓	←	←	↓
220	230	229	___	___
×	↓	→	→	↓
233	243	___	___	___
×	↑	↑	←	←
298	288	___	___	___
←	↓			
___	___			

2 Detektiv Willi eilt zum Tatort. Spürhund Schnüff folgt den Spuren des Diebes bis zu dessen Versteck.

74	→	→	→	↓	↓	→	___
125	↓	↓	↓	←	←	←	___
443	←	←	↑	↑	→		___
590	↑	↑	↑	↑	←		___

1 Die Detektive Schleich und Klein verfolgen eine ganze Woche lang einen Verdächtigen.

 1 Stunde

An welchem Tag verfolgen die Detektive den Verdächtigen am längsten?

____

An welchem Tag verfolgen sie ihn halb so lang wie am Sonntag?

____

Am ______________________ verfolgen die Detektive den Verdächtigen _____ Stunde(n) lang.

2 Ergänze das Schaubild.

 1 Stunde

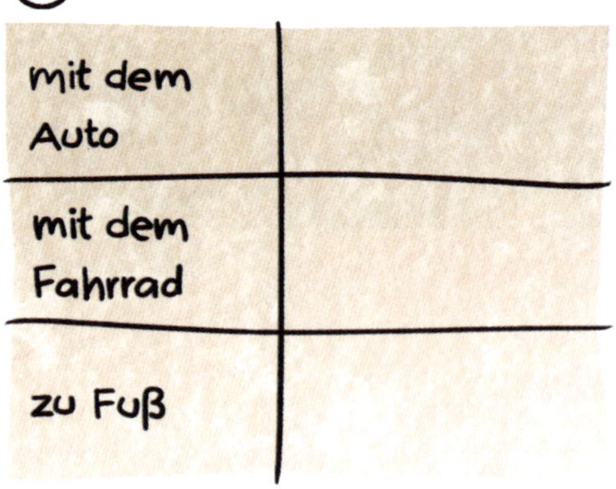

Die Detektive verfolgen den Verdächtigen 3 Stunden lang mit dem Auto.

Die Detektive verfolgen den Verdächtigen 60 Minuten lang zu Fuß.

Die Detektive verfolgen den Verdächtigen 120 Minuten lang mit dem Fahrrad.

3 Die Detektive Schleich und Klein zählen ihre Fälle der letzten Monate.

✓ 1. Fall

angenommen	✓✓✓✓✓✓✓
abgeschlossen	✓✓✓

Wie viele Fälle haben die Detektive angenommen?

________ Fälle

Wie viele Fälle haben die Detektive abgeschlossen?

________ Fälle

Wie viele Fälle haben die Detektive nicht abgeschlossen?

________ Fälle

4 Die Detektive verdienen mit jedem abgeschlossenen Fall 200 €. Für jeden der noch nicht abgeschlossen Fälle haben sie bereits 50 € Anzahlung erhalten.

Zeichne ein.

☐ 50 €

1. Fall	
2. Fall	
3. Fall	
4. Fall	
5. Fall	
6. Fall	
7. Fall	

abgeschlossene Fälle (1.–3. Fall)

nicht abgeschlossene Fälle (4.–7. Fall)

Sie haben schon ______ € verdient.

1 Die Detektive Schleich und Klein werden von ihren Auftraggebern bezahlt.

Schleich erhält 300 €. Wie viele Scheine bekommt er mindestens? Zeichne.

Klein erhält 550 €. Wie viele Scheine bekommt er mindestens? Zeichne.

Die Detektive erhalten zusammen 550 €. Sie bekommen vier Scheine. Welche Möglichkeiten gibt es? Zeichne.

Die Detektive bekommen zusammen drei Geldscheine.
Wie viel Euro erhalten sie insgesamt? Zeichne vier Möglichkeiten.

2 Die Detektive Schleich und Klein kaufen ein.

Sie bezahlen 150 €. Was könnten sie sich gekauft haben?

____

____

Detektiv Schleich kauft ____________________ für _____ €.

Detektiv Klein kauft ____________________ für _____ €

und ____________________ für _____ €.

Wie viel Euro müssen sie insgesamt bezahlen?

____

Die Detektive Schleich und Klein kaufen drei Sachen ein. Sie bezahlen mit zwei Scheinen und bekommen kein Geld zurück. Was könnten sie gekauft haben?

____

1

27 + 2 = ____ | 148 + 7 = ____ | 272 + 9 = ____
327 + 2 = ____ | 348 + 7 = ____ | 472 + 8 = ____
827 + 2 = ____ | 548 + 7 = ____ | 672 + 7 = ____

2

143 + 4 = ____ | 771 + 2 = ____ | 426 + 500 = ____
143 + 40 = ____ | 771 + 20 = ____ | 426 + 50 = ____
143 + 400 = ____ | 771 + 200 = ____ | 426 + 5 = ____

3 Setze fort.

34 + 30 = ____
134 + 30 = ____
234 ____
____
____

58 + 40 = ____
258 + 40 = ____
458 ____
____
____

4

304 + 3 = ____ | 759 + 5 = ____ | 255 + ____ = 295
334 + 43 = ____ | 759 + 25 = ____ | 617 + ____ = 678
340 + 135 = ____ | 759 + 125 = ____ | 563 + ____ = 893
340 + 245 = ____ | 529 + 255 = ____ | 525 + ____ = 790

5 Der Dieb bringt seine Beute ins Versteck.
Finde jeweils zwei Säcke, die zusammen 1 000 ergeben.
Male passend an.

1

68 – 5 = ____ 185 – 8 = ____ 94 – 6 = ____
268 – 5 = ____ 385 – 8 = ____ 294 – 5 = ____
568 – 5 = ____ 685 – 8 = ____ 494 – 4 = ____

2

877 – 4 = ____ 331 – 2 = ____ 992 – 700 = ____
877 – 40 = ____ 311 – 200 = ____ 992 – 70 = ____
877 – 400 = ____ 311 – 20 = ____ 992 – 7 = ____

3 Setze fort.

543 – 40 = ____ 171 – 30 = ____ 866 – 60 = ____
443 – 40 = ____ 271 – 40 = ____ 765 – 50 = ____
343 ____ 371 ____ 664 ____

4

246 – 4 = ____ 775 – 5 = ____ 632 – ____ = 612
246 – 44 = ____ 775 – 25 = ____ 381 – ____ = 221
446 – 244 = ____ 375 – 255 = ____ 173 – ____ = 33
956 – 442 = ____ 670 – 325 = ____ 1000 – ____ = 450

5 Detektiv Willi ist auf der Suche nach dem richtigen Ergebnis.
Verbinde jeweils Aufgabe und Ergebnis.

269 – 20 300 – 35 320 – 45 280 – 35

275 249 245 265

Runden

1 Bei welchen Ziffern wird aufgerundet,
bei welchen Ziffern wird abgerundet?
Male entsprechend an.

4 2 7 8 9 5 0 1 6 3

2 Die Detektive Willi und Billi haben gestohlene Säcke mit Münzen entdeckt. Runde auf Zehner.

≈ ___ ≈ ___ ≈ ___ ≈ ___ ≈ ___ ≈ ___ ≈ ___

≈ ___ ≈ ___ ≈ ___ ≈ ___ ≈ ___ ≈ ___

3 Willi und Billi entdecken auch Kisten mit gestohlenen CDs. Runde auf Hunderter.

≈ ___ ≈ ___ ≈ ___ ≈ ___ ≈ ___

≈ ___ ≈ ___ ≈ ___ ≈ ___ ≈ ___

4

Zahl	173	694	412	777	355	218	506
gerundet auf Zehner							
gerundet auf Hunderter							

1 Rechne. Färbe die Ergebnisfelder mit Bleistift.

180 + 200 = ____	448 + 350 = ____	327 + 105 = ____
280 + 250 = ____	348 + 356 = ____	327 + 150 = ____
480 + 360 = ____	158 + 456 = ____	327 + 500 = ____
766 − 200 = ____	550 − 230 = ____	848 − 104 = ____
766 − 240 = ____	550 − 239 = ____	848 − 134 = ____
366 − 240 = ____	530 − 239 = ____	648 − 234 = ____

2 Verbinde Aufgabe und Überschlag.

426 − 238

186 + 123

316 + 378

687 − 156

400 − 200

732 − 341

457 + 392

450 + 400

700 − 150

245 + 279

300 + 400

200 + 100

250 + 300

700 − 300

1 **348 + 26 = ____**

348 + 20 = 368
368 + 6 = 374

340 + 20 = 360
8 + 6 = 14
360 + 14 = 374

Rechne auf deinem Weg.

254 + 37 = ____

427 + 16 = ____

635 + 58 = ____

346 + 25 = ____

457 + 330 = ____

528 + 150 = ____

133 + 805 = ____

645 + 220 = ____

1 **834 − 58 = ____**

834 − 50 = 784	834 − 8 = 826	834 − 60 = 774
784 − 8 = 776	826 − 50 = 776	774 + 2 = 776

Rechne auf deinem Weg.

645 − 26 = ____

427 − 45 = ____

956 − 37 = ____

455 − 72 = ____

753 − 280 = ____

913 − 540 = ____

836 − 108 = ____

Geschicktes Rechnen – Addieren

1 **454 + 198**

454 + 200 = 654
654 – 2 = 652

Rechne geschickt.

346 + 297 = ____

199 + 653 = ____

475 + 390 = ____

574 + 98 = ____

2

+	99	199	297
536			

+	143	354	664
298			

3 Ist der Rechenweg richtig? Kreuze an.

365 + 199
365 + 200 = 565
565 + 1 = 566
☐ richtig ☐ falsch

634 + 297
634 + 300 = 934
☐ richtig ☐ falsch

198 + 754
200 + 754 = 954
954 – 2 = 952
☐ richtig ☐ falsch

1 **874 – 299**

874 – 300 = 574
574 + 1 = 575

Rechne geschickt.

542 – 199 = ______

355 – 98 = ______

686 – 290 = ______

877 – 198 = ______

2

–	199	98	297
853			

–	599	97	298
734			

3 Ist der Rechenweg richtig? Kreuze an.

548 – 299

548 – 300 = 248
248 + 1 = 249

☐ richtig ☐ falsch

864 – 397

864 – 400 = 464
464 – 3 = 461

☐ richtig ☐ falsch

1 Kreuze an und trage ein.

Die Detektive Schleich und Klein verfolgen einen Verdächtigen mit dem Auto. Sie sind 300 km über die Autobahn gefahren und 290 km über die Landstraße.

☐ Wo sind Schleich und Klein jetzt?

☐ Wie viele Kilometer sind Schleich und Klein insgesamt gefahren?

☐ Warum verfolgen Schleich und Klein den Verdächtigen?

Im Juweliergeschäft wurde eingebrochen. Die Diebe haben drei Schachteln mit je 25 Uhren gestohlen und sechs Schachteln mit je 111 Uhren.

☐ 3 + 25 = ____ 6 + 111 = ____ ____ + ____ = ____

☐ 3 · 25 = ____ 6 · 111 = ____ ____ + ____ = ____

Es wurden insgesamt ____ Uhren gestohlen.

Agentin Agathe hat einen Sack mit Diebesgut gefunden. Darin sind 399 Perlen, die 2 cm groß sind und 475 Perlen, die 1 cm groß sind.

☐ 399 + 475 ☐ 475 − 399

☐ 399 · 2 ☐ 399 + 2 + 475 + 1

Im Sack sind ____ Perlen.

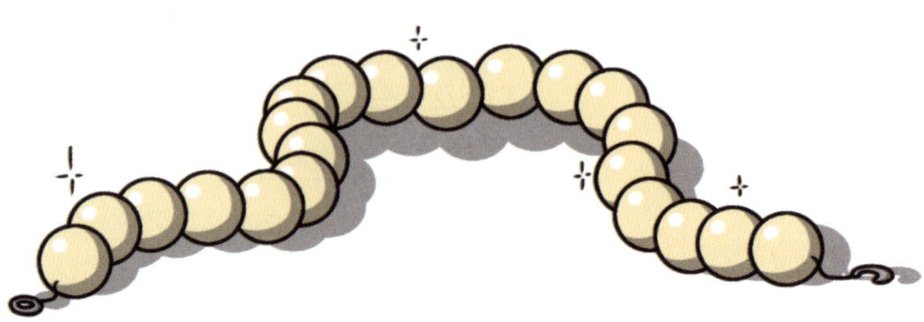

Liebe Eltern, liebe Lehrerinnen und Lehrer,

die Zahlenzorro-Heftreihe bietet eine lehrwerksunabhängige Möglichkeit, die Lerninhalte des Faches Mathematik der Klassenstufen 1 bis 4 selbstständig zu üben und zu vertiefen. Differenzierend und selbsterklärend angelegt, eignen sich die Hefte als Zusatzmaterial im Unterricht, in Förder- und Fordergruppen oder auch für das Üben am Nachmittag.
Konzipiert auf drei verschiedenen Niveaustufen, kann je nach individuellem Lernstand und Bedürfnis der Schülerinnen und Schüler das entsprechende Heft ausgewählt werden. Jedes Heft deckt dabei die wesentlichen Lehrplaninhalte ab. So ist der Unterrichtsstoff einer Klassenstufe alternativ entweder als Basisheft, Förderheft oder Forderheft erhältlich:
Die **Basishefte** beinhalten den kompletten Lernstoff einer Klassenstufe. Ihre Aufgaben entsprechen vom Niveau einem normalen, mittleren Schwierigkeitsgrad. Gibt es zu einem Aufgabenbereich weiterführende, kniffligere Aufgaben, werden sie durch das Symbol der **„Zorro-Maske“** gekennzeichnet, welches dann vor der Aufgabe steht.
Die **Förderhefte** richten ihren Fokus auf die strukturierte Erarbeitung von Grundaufgaben, die verstärkt veranschaulicht werden sowie auf das gezielte Üben von Rechenwegen. Grundlegende Verfahren und Inhalte erhalten somit besonders viel Raum, wobei dennoch alle erforderlichen Lernbereiche abgedeckt werden. Auf anspruchsvolle und knifflige Zusatzaufgaben wird in diesen Heften aber verzichtet.
Die **Forderhefte** enthalten gezielt anspruchsvollere Aufgaben zum Weiterdenken und Knobeln und regen dadurch in besonderem Maß zum kreativen Problemlösen an. Sie verzichten auf das ausgiebige Erarbeiten kleinschrittiger Rechenwege und fordern die Kinder dazu heraus, den für sie und die jeweilige Aufgabe besten Weg zur Lösung selbst zu wählen und zu finden. Auch hier werden die verschiedenen Lerninhalte des Lehrplans behandelt, aber durchgehend auf einem erhöhten Niveau.

ZAHLEN ZORRO
Das Heft

Daumenkino-Aufkleber

S. 5

S. 7

S. 9

S. 11

S. 13

S. 15

S. 17

S. 19

S. 21

S. 23

S. 25

S. 27

S. 29

S. 31

S. 33

Lösungen zum Zahlenzorro Basisheft 3

1 Welche Aufgaben passen zum Bild? Kreuze sie an und rechne.

Ringe:
- ☐ 23 + 4 = 27
- ☒ 23 − 4 = 19
- ☐ 19 − 4 = 15
- ☒ 19 + 4 = 23

Perlen:
- ☒ 55 + 28 = 83
- ☐ 55 − 28 = 27
- ☒ 28 + 55 = 83
- ☐ 25 + 58 = 83

Diebessack mit herausfallenden Goldmünzen:
- ☐ 100 − 11 = 89
- ☐ 80 + 13 = 93
- ☐ 80 + 11 = 91
- ☒ 80 − 11 = 69

Stapel Goldmünzen:
- ☐ 25 + 7 = 32
- ☐ 32 + 7 = 39
- ☒ 32 − 7 = 25
- ☐ 32 − 17 = 15

Geldscheine und -münzen:
- ☐ 64€ + 3€ = 67€
- ☒ 64€ + 21€ = 85€
- ☐ 21€ − 64€ = ____
- ☐ 21€ − 12€ = 9€

Armbanduhren:
- ☒ 9 + 17 = 26
- ☐ 7 + 9 = 16
- ☐ 17 + 19 = 36
- ☒ 17 + 9 = 26

2 Male die Edelsteine in zwei verschiedenen Farben an und schreibe passende Aufgaben.

(Zu den insgesamt 42 Edelsteinen im großen Sack können verschiedene Aufgaben gebildet werden.)

3 Welche Aufgaben findest du noch im Bild? Schreibe sie auf und rechne. (Es gibt verschiedene Lösungen, z.B.:)

100 − 13 = 87 (Diebessack mit Goldmünzen)

23 + 18 = 41 (Goldbarren)

6 + 8 = 14 (Halsketten)

13 + 5 + 6 = 24 (Ringe + Ohrhänger + Broschen)

4 Was wollten die Diebe noch stehlen? Male die Dinge in die Kiste und schreibe passende Aufgaben.

(Es gibt verschiedene Lösungen.)

1 Wie heißen die Lösungswörter? Zu jedem Ergebnis gehört ein Buchstabe.

3	8	11	12	27	28	35	40	47	54	59	60	61	73	84	98
V	F	I	R	E	A	K	D	U	N	Z	O	H	B	T	L

- 14 + 26 = 40 D
- 80 − 53 = 27 E
- 100 − 16 = 84 T
- 8 + 19 = 27 E
- 77 − 42 = 35 K
- 50 + 34 = 84 T
- 67 − 56 = 11 I
- 94 − 91 = 3 V

- 83 − 43 = 40 D
- 96 − 85 = 11 I
- 42 − 15 = 27 E
- 65 + 8 = 73 B

- 80 − 21 = 59 Z
- 44 − 16 = 28 A
- 5 + 56 = 61 H
- 53 + 45 = 98 L
- 92 − 65 = 27 E
- 27 + 27 = 54 N
- 36 + 23 = 59 Z
- 23 + 37 = 60 O
- 3 + 9 = 12 R
- 71 − 59 = 12 R
- 57 + 3 = 60 O

2 Welche Zahl ist es?

Diese Zahl hat 6 Zehner und halb so viele Einer: 63

Diese Zahl ist größer als 70 und kleiner als 100. Sie hat doppelt so viele Zehner wie Einer: 84

Diese Zahl ist größer als 83 und kleiner als 87. Es ist eine ungerade Zahl: 85

Diese Zahl ist die Summe von 46 und 27: 73

3 Wie geht es weiter? Hilf dem Spürhund Schnüff.

8, 15, 22, 29, 36, 43, 50, 57, 64

83, 74, 65, 56, 47, 38, 29, 20, 11

25, 31, 29, 35, 33, 39, 37, 43, 41

4 Kreuze alle Aufgaben an,

… deren Ergebnis 52 ist.

- ☐ 18 + 24
- ☒ 7 + 45
- ☒ 17 + 35
- ☒ 31 + 21
- ☐ 60 − 2
- ☐ 97 − 25
- ☐ 90 − 28
- ☒ 84 − 32
- ☒ 71 − 19

… deren Ergebnis kleiner als 37 ist.

- ☒ 57 − 30
- ☐ 70 − 33
- ☐ 96 − 48
- ☐ 15 + 23
- ☒ 9 + 25
- ☐ 82 − 45
- ☒ 81 − 54
- ☒ 14 + 19
- ☐ 29 + 8

5

35 → +8 → 43 → −23 → 20 → −14 → 6 → +59 → 65 → −16 → 49

86 → −28 → 58 → +34 → 92 → −7 → 85 → −23 → 62 → +19 → 81

8 → +45 → 53 → −14 → 39 → −14 → 25 → +57 → 82 → −4 → 78 → +13 → 91 → −87 → 4 → +79 → 83 → −45 → 38 → +19 → 57 → −18 → 39

1

·	1	2	3	4	5	6	7	8	9	10
1	1	2	3	4	5	6	7	8	9	10
2	2	4	6	8	10	12	14	16	18	20
5	5	10	15	20	25	30	35	40	45	50
10	10	20	30	40	50	60	70	80	90	100

2 Rechne erst die Kernaufgaben, dann die Nachbaraufgaben.

2 · 5 = 10
3 · 5 = 15
4 · 5 = 20
5 · 5 = 25

3 · 3 = 9
4 · 3 = 12
5 · 3 = 15
6 · 3 = 18

5 · 7 = 35
6 · 7 = 42
7 · 7 = 49
8 · 7 = 56

10 · 4 = 40
9 · 4 = 36
8 · 4 = 32
7 · 4 = 28

1 · 9 = 9
2 · 9 = 18
3 · 9 = 27
4 · 9 = 36

4 · 2 = 8
5 · 2 = 10
6 · 2 = 12
7 · 2 = 14

1 · 8 = 8
2 · 8 = 16
3 · 8 = 24
4 · 8 = 32

7 · 6 = 42
8 · 6 = 48
9 · 6 = 54
10 · 6 = 60

3 Wie geht es weiter? Hilf dem Spürhund Schnüff.

5, 10, 15, 20, 25, 30 — 70, 60, 50, 40, 30, 20
6, 12, 18, 24, 30, 36 — 63, 54, 45, 36, 27, 18
28, 35, 42, 49, 56, 63 — 18, 15, 12, 9, 6, 3
24, 32, 40, 48, 56, 64 — 20, 18, 16, 14, 12, 10

4 Rechne. Streiche die falschen Malaufgaben durch.

Ergebnis: 16
8 · 2 = 16
4 · 4 = 16
2 · 8 = 16
~~4 · 8 = 32~~

Ergebnis: 24
8 · 3 = 24
3 · 8 = 24
6 · 4 = 24
~~6 · 6 = 36~~

Ergebnis: 42
7 · 6 = 42
~~6 · 8 = 48~~
~~8 · 6 = 48~~
6 · 7 = 42

Ergebnis: 56
~~5 · 6 = 30~~
~~8 · 6 = 48~~
8 · 7 = 56
~~6 · 7 = 42~~

Ergebnis: 36
~~8 · 4 = 32~~
9 · 4 = 36
4 · 9 = 36
~~4 · 8 = 32~~

Ergebnis: 45
~~4 · 5 = 20~~
~~8 · 5 = 40~~
9 · 5 = 45
5 · 9 = 45

5 Immer drei Aufgaben haben dasselbe Ergebnis. Umrande sie in gleicher Farbe.

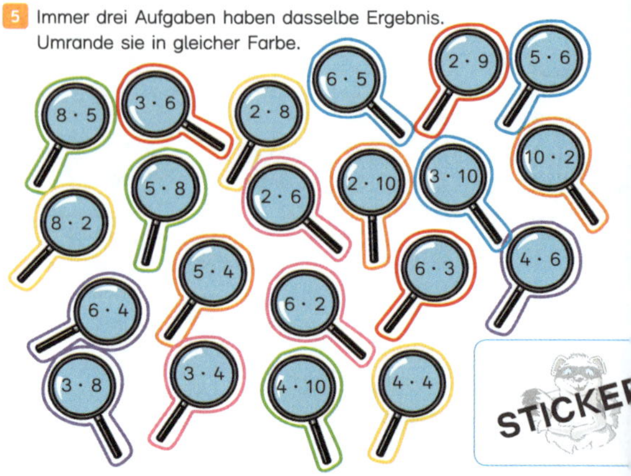

1

6 · 5 = 30	4 · 6 = 24	3 · 6 = 18
5 · 6 = 30	6 · 4 = 24	6 · 3 = 18
30 : 5 = 6	24 : 4 = 6	18 : 6 = 3
30 : 6 = 5	24 : 6 = 4	18 : 3 = 6

2 Rechne die Geteiltaufgabe. Prüfe mit der Umkehraufgabe.

30 : 5 = 6, denn 6 · 5 = 30
24 : 8 = 3, denn 3 · 8 = 24
20 : 2 = 10, denn 10 · 2 = 20
36 : 6 = 6, denn 6 · 6 = 36

28 : 4 = 7, denn 7 · 4 = 28
56 : 7 = 8, denn 8 · 7 = 56
56 : 8 = 7, denn 7 · 8 = 56
81 : 9 = 9, denn 9 · 9 = 81

3

20 : 2 = 10	40 : 4 = 10	36 : 4 = 9
20 : 4 = 5	40 : 5 = 8	36 : 6 = 6
20 : 5 = 4	40 : 8 = 5	36 : 9 = 4
25 : 5 = 5	42 : 6 = 7	28 : 7 = 4
35 : 5 = 7	48 : 6 = 8	42 : 7 = 6
45 : 5 = 9	60 : 6 = 10	49 : 7 = 7

4

Die fünf Diebe teilen ihre Beute gerecht auf.
Wie viele Gegenstände bleiben jeweils übrig?

16 Diamanten	16 : 5 = 3	Rest 1
30 Uhren	30 : 5 = 6	Rest 0
29 Ketten	29 : 5 = 5	Rest 4
25 Ringe	25 : 5 = 5	Rest 0
37 Silberteller	37 : 5 = 7	Rest 2
60 Goldmünzen	60 : 5 = 12	Rest 0

5 Bei welchen Aufgaben bleibt kein Rest? Kreise ein.

15 : 4	18 : 4	**20 : 4**	**24 : 4**	30 : 4
15 : 5	18 : 5	**20 : 5**	24 : 5	**30 : 5**
15 : 6	**18 : 6**	20 : 6	**24 : 6**	**30 : 6**
15 : 7	18 : 7	20 : 7	24 : 7	30 : 7

56 : 7	72 : 7	90 : 7
56 : 8	**72 : 8**	90 : 8
56 : 9	**72 : 9**	**90 : 9**
56 : 10	72 : 10	**90 : 10**

1 Kreuze die passende Rechnung an. Trage die Lösung ein.

Die Detektive Schleich und Klein beobachten ihre Nachbarn. In ihrer Straße stehen 25 Häuser. In jedem Haus wohnen zwei Familien.

☒ 25 · 2 ☐ 25 + 2 ☐ 25 – 2

In der Straße wohnen 50 Familien.

Schleich und Klein haben einen Kratzer an ihrem Auto festgestellt. Der Kratzer ist 20 cm lang. 30 Leute kommen jeden Tag an dem Auto vorbei. Die Hälfte dieser Leute kommt als Täter in Frage.

☐ 20 + 30 ☐ 30 – 20 ☒ 30 : 2 ☐ 20 : 2

Es kommen 15 Leute als Täter in Frage.

Nachbar Lang hat beobachtet, dass ein Fahrradfahrer den Kratzer am Auto verursacht hat. Drei Frauen, zwei Männer und zehn Kinder fahren Fahrrad.

☒ 3 + 2 + 10 ☐ 10 – 3 – 2 ☐ 3 · 2 · 10

Es gibt 15 Fahrradfahrer.

2 Kreuze die Frage an, die du beantworten kannst.

Die Detektive Schleich und Klein lassen den Schaden an ihrem Auto reparieren. Sie bezahlen mit einem 100-€-Schein. Sie bekommen 40 € zurück.

☐ Wer hat den Schaden repariert?
☐ Warum war die Reparatur so teuer?
☒ Wie teuer war die Reparatur?

Die Detektive Schleich und Klein warten mit ihrem Auto vor dem Haus eines Verdächtigen. Um 15:00 Uhr hat der Mann das Haus betreten. Jetzt ist es 16:30 Uhr.

☐ Wie heißt der Verdächtige?
☒ Wie lange ist der Verdächtige schon im Haus?
☐ Warum ist der Mann verdächtig?

Der 2 Meter große Verdächtige verlässt das Haus. Er trägt eine Kiste, die halb so lang ist wie er selbst.

☒ Wie lang ist die Kiste?
☐ Warum hat der Verdächtige eine Kiste bei sich?
☐ Was ist in der Kiste?

1 Welche Figuren sind symmetrisch?

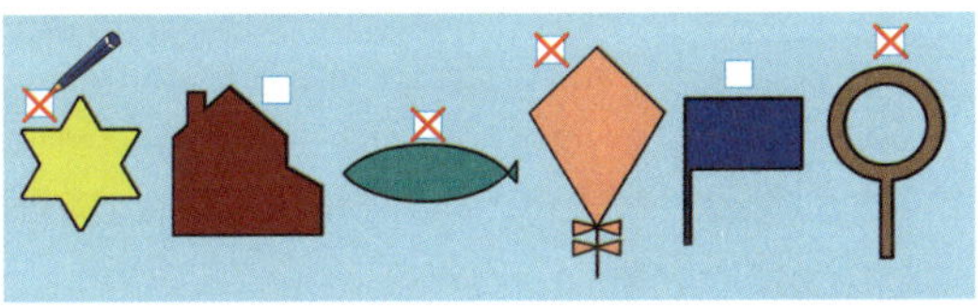

2 Ergänze symmetrisch.

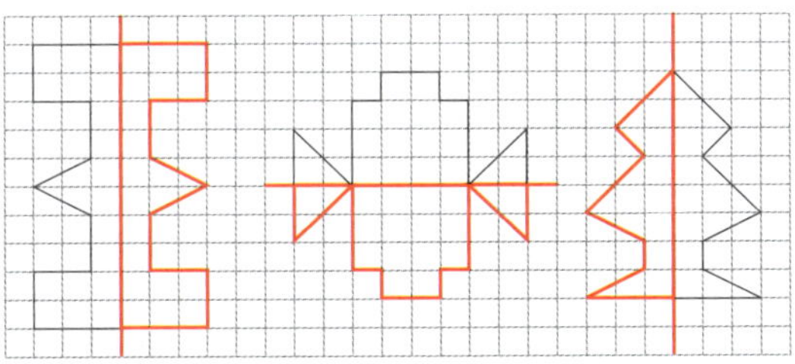

3 Zeichne die Symmetrieachsen ein.

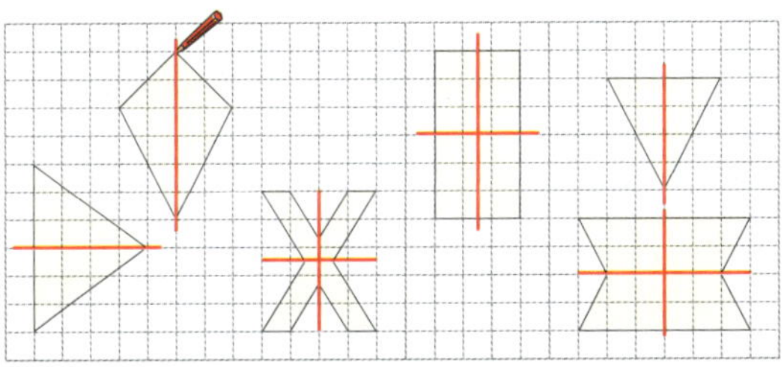

1 Vervollständige das Muster.

2 Vervollständige das Muster.

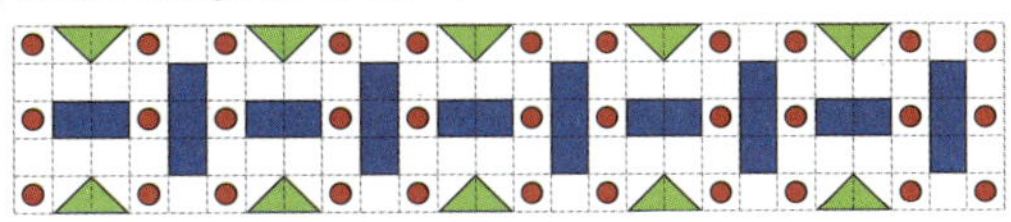

3 Spiegele das Muster. Male an.

(Beispiellösung)

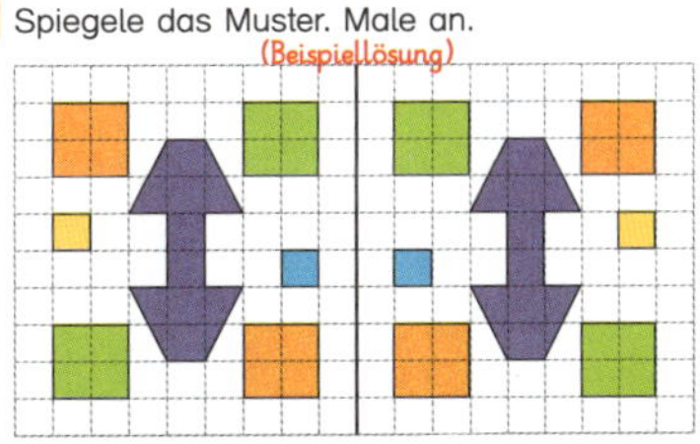

(Es gibt verschiedene Lösungen.)

1 Trage ein. Schreibe die Zahl.

H	Z	E	Zahl
3	4	2	342
2	8	4	284
6	4	7	647
4	7	6	476
4	4	5	445

2

	H	Z	E	Zahl
5 H 3 Z	5	3	0	530
7 H 8 Z 2 E	7	8	2	782
2 H 3 E 1 Z	2	1	3	213
4 Z 8 H 9 E	8	4	9	849
6 Z 2 E	0	6	2	62
6 H 2 Z	6	2	0	620
6 H 2 E	6	0	2	602
2 E 5 Z 1 H	1	5	2	152

Aufgepasst! Hier ist einiges durcheinandergeraten.

3
1 H + 2 E = 100 + 0 + 2 = 102
6 H + 3 Z + 5 E = 600 + 30 + 5 = 635
2 Z + 8 H + 6 E = 800 + 20 + 6 = 826
4 H + 7 E = 400 + 0 + 7 = 407
4 H + 5 Z = 400 + 50 + 0 = 450
9 E + 7 H + 6 Z = 700 + 60 + 9 = 769

4
400 + 60 + 4 = 464
300 + 30 + 8 = 338
500 + 7 + 30 = 537
20 + 200 + 5 = 225
60 + 3 + 100 = 163
2 + 800 + 30 = 832

5 Zerlege die Zahlen so: 136 = 100 + 30 + 6
582 = 500 + 80 + 2
716 = 700 + 10 + 6
348 = 300 + 40 + 8
690 = 600 + 90
973 = 900 + 70 + 3
406 = 400 + 6

6 Immer 2 Zahlen ergeben 1 000. Male sie in der gleichen Farbe an.

200, 580, 650, 820, 420, 300, 800, 450, 260, 540, 180, 350, 700, 740, 460, 550

7

600
300 300
100 200 100

760
350 410
250 100 310

770
400 370
160 240 130

1000
400 600
150 250 350
50 100 150 200

0 50 100 150 200 250 300 350 400 450 500 550 600 650 700 750 800 850 900 950 1000

1 Wie heißen die Zahlen?
200 250 300: 212, 231, 259, 280, 305, 332
730 800 850: 743, 764, 791, 818, 839, 861

2 Nachbarzahlen

127 128 129
312 313 314
554 555 556
699 700 701
819 820 821
499 500 501

3 Nach**barzehner**
170 173 180
370 371 380
540 549 550
250 256 260
560 562 570
790 797 800
400 402 410
480 484 490
610 618 620

4 Nachbar**hunderter**
100 173 200
300 371 400
500 549 600
200 256 300
500 562 600
700 797 800
800 801 900
600 642 700
900 933 1000

5 Vor und zurück zum Nachbarzehner.
224 + 6 = 230
224 − 4 = 220
476 + 4 = 480
476 − 6 = 470
807 + 3 = 810
807 − 7 = 800

6 Vor zum Nachbarhunderter.
420 + 80 = 500
370 + 30 = 400
225 + 75 = 300
185 + 15 = 200
545 + 55 = 600
630 + 70 = 700
760 + 40 = 800
768 + 32 = 800
972 + 28 = 1000

7 Zurück zum Nachbarhunderter.
271 − 71 = 200
164 − 64 = 100
321 − 21 = 300
437 − 37 = 400
918 − 18 = 900
666 − 66 = 600
502 − 2 = 500
798 − 98 = 700
836 − 36 = 800

8 Wie geht es weiter? Hilf dem Spürhund Schnüff.
335 345 355 365 375 385 395 405
622 642 662 682 702 722 742 762
465 455 445 435 425 415 405 395

9 < oder > ?
684 > 589
312 < 321
431 > 341
256 > 239
868 < 884
937 < 973
771 > 717
531 < 629
196 < 238

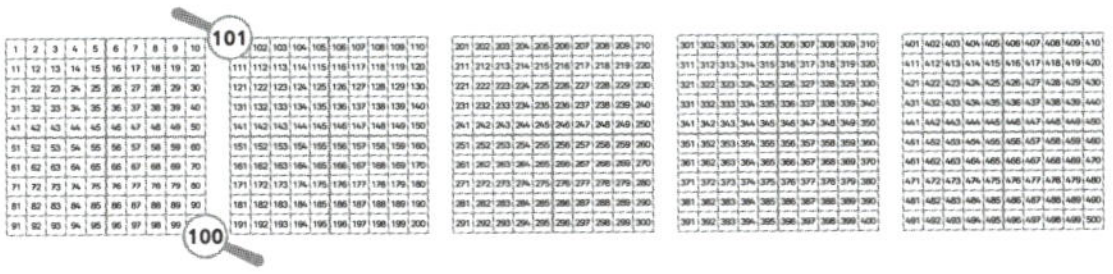

1 Welche Zahlen können es sein?

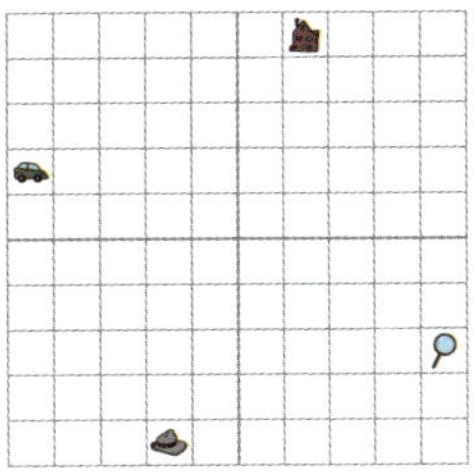

7, 107, 207, 307, 407, 507, 607, 707, 807, 907

31, 131, 231, 331, 431, 531, 631, 731, 831, 931

80, 180, 280, 380, 480, 580, 680, 780, 880, 980

94, 194, 294, 394, 494, 594, 694, 794, 894, 994

2 Ausschnitte aus den Hundertertafeln

153	154	155
163	164	165
173	174	175

332	333	334
342	343	344
352	353	354

601	602	603
611	612	613
621	622	623

403	404		
	414	415	416
			426

567	568	569
	578	
	588	

		740
	749	750
758	759	760

1 Folge den Pfeilen und notiere die Felder.

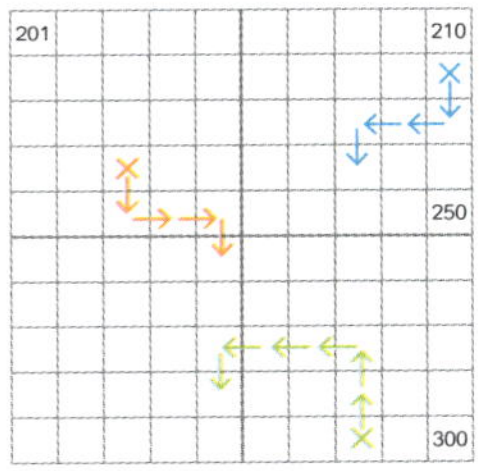

× 220, ↓ 230, ← 229, ← 228, ↓ 238

× 233, ↓ 243, → 244, → 245, ↓ 255

× 298, ↑ 288, ↑ 278, ← 277, ← 276

← 275, ↓ 285

2 Detektiv Willi eilt zum Tatort. Spürhund Schnüff folgt den Spuren des Diebes bis zu dessen Versteck.

74 → → → ↓ ↓ → 98

125 ↓ ↓ ↓ ← ← ← 152

443 ← ← ↑ ↑ → 422

590 ↑ ↑ ↑ ↑ ← 549

STICKER

1 Die Detektive Schleich und Klein verfolgen eine ganze Woche lang einen Verdächtigen.

(Uhr) 1 Stunde

Montag	(Uhr)(Uhr)(Uhr)
Dienstag	(Uhr)
Mittwoch	(Uhr)(Uhr)
Donnerstag	(Uhr)
Freitag	(Uhr)(Uhr)(Uhr)
Samstag	(Uhr)
Sonntag	(Uhr)(Uhr)(Uhr)(Uhr)

An welchem Tag verfolgen die Detektive den Verdächtigen am längsten? Sonntag

An welchem Tag verfolgen sie ihn halb so lang wie am Sonntag? Mittwoch

(Beispiellösung)
Am Donnerstag verfolgen die Detektive den Verdächtigen 1 Stunde(n) lang. (Es gibt verschiedene Möglichkeiten.)

2 Ergänze das Schaubild.

(Uhr) 1 Stunde

mit dem Auto	(Uhr)(Uhr)(Uhr)
mit dem Fahrrad	(Uhr)(Uhr)
zu Fuß	(Uhr)

Die Detektive verfolgen den Verdächtigen 3 Stunden lang mit dem Auto.

Die Detektive verfolgen den Verdächtigen 60 Minuten lang zu Fuß.

Die Detektive verfolgen den Verdächtigen 120 Minuten lang mit dem Fahrrad.

3 Die Detektive Schleich und Klein zählen ihre Fälle der letzten Monate.

✓ 1. Fall

angenommen	✓✓✓✓✓✓✓
abgeschlossen	✓✓✓

Wie viele Fälle haben die Detektive angenommen? Sieben Fälle

Wie viele Fälle haben die Detektive abgeschlossen? Drei Fälle

Wie viele Fälle haben die Detektive nicht abgeschlossen? Vier Fälle

4 Die Detektive verdienen mit jedem abgeschlossenen Fall 200 €. Für jeden der noch nicht abgeschlossen Fälle haben sie bereits 50 € Anzahlung erhalten.

Zeichne ein.

☐ 50 €

1. Fall	☐☐☐☐	abgeschlossene Fälle
2. Fall	☐☐☐☐	
3. Fall	☐☐☐☐	
4. Fall	☐	nicht abgeschlossene Fälle
5. Fall	☐	
6. Fall	☐	
7. Fall	☐	

Sie haben schon 800 € verdient.

STICKER

1 Die Detektive Schleich und Klein werden von ihren Auftraggebern bezahlt.

Schleich erhält 300 €. Wie viele Scheine bekommt er mindestens? Zeichne.

200 | 100

Klein erhält 550 €. Wie viele Scheine bekommt er mindestens? Zeichne.

500 | 50

Die Detektive erhalten zusammen 550 €. Sie bekommen vier Scheine. Welche Möglichkeiten gibt es? Zeichne.

500 | 20 | 20 | 10

200 | 200 | 100 | 50

Die Detektive bekommen zusammen drei Geldscheine. Wie viel Euro erhalten sie insgesamt? Zeichne vier Möglichkeiten.

500 | 200 | 100   500 | 50 | 5   (Hier gibt es viele Möglichkeiten.)

100 | 100 | 100   100 | 50 | 10

(Beispiellösung)

2 Die Detektive Schleich und Klein kaufen ein.

Sie bezahlen 150 €. Was könnten sie sich gekauft haben?
(Beispiellösung)
1 Fotoapparat oder 3 Rucksäcke oder 2 Ferngläser und 1 Lupe (Es gibt verschiedene Lösungen.)

(Beispiellösung)
Detektiv Schleich kauft Batterien für 8 €.

Detektiv Klein kauft eine Mütze für 20 €

und einen Rucksack für 50 €.

Wie viel Euro müssen sie insgesamt bezahlen?

8 € + 20 € + 50 € = 78 € Sie müssen insgesamt 78 € bezahlen.

Die Detektive Schleich und Klein kaufen drei Sachen ein. Sie bezahlen mit zwei Scheinen und bekommen kein Geld zurück. Was könnten sie gekauft haben?
(Beispiellösung)
Sie kaufen 3 Lupen und bezahlen mit einem 10 €-Schein und mit eimem 20 €-Schein.

STICKER

1

27 + 2 = 29	148 + 7 = 155	272 + 9 = 281
327 + 2 = 329	348 + 7 = 355	472 + 8 = 480
827 + 2 = 829	548 + 7 = 555	672 + 7 = 679

2

143 + 4 = 147	771 + 2 = 773	426 + 500 = 926
143 + 40 = 183	771 + 20 = 791	426 + 50 = 476
143 + 400 = 543	771 + 200 = 971	426 + 5 = 431

3 Setze fort.

34 + 30 = 64	58 + 40 = 98
134 + 30 = 164	258 + 40 = 298
234 + 30 = 264	458 + 40 = 498
334 + 30 = 364	658 + 40 = 698
434 + 30 = 464	858 + 40 = 898

4

304 + 3 = 307	759 + 5 = 764	255 + 40 = 295
334 + 43 = 377	759 + 25 = 784	617 + 61 = 678
340 + 135 = 475	759 + 125 = 884	563 + 330 = 893
340 + 245 = 585	529 + 255 = 784	525 + 265 = 790

5 Der Dieb bringt seine Beute ins Versteck.
Finde jeweils zwei Säcke, die zusammen 1 000 ergeben.
Male passend an.

1

68 − 5 = 63	185 − 8 = 177	94 − 6 = 88
268 − 5 = 263	385 − 8 = 377	294 − 5 = 289
568 − 5 = 563	685 − 8 = 677	494 − 4 = 490

2

877 − 4 = 873	331 − 2 = 329	992 − 700 = 292
877 − 40 = 837	311 − 200 = 111	992 − 70 = 922
877 − 400 = 477	311 − 20 = 291	992 − 7 = 985

3 Setze fort.

543 − 40 = 503	171 − 30 = 141	866 − 60 = 806
443 − 40 = 403	271 − 40 = 231	765 − 50 = 715
343 − 40 = 303	371 − 50 = 321	664 − 40 = 624
243 − 40 = 203	471 − 60 = 411	563 − 30 = 533
143 − 40 = 103	571 − 70 = 501	462 − 20 = 442

4

246 − 4 = 242	775 − 5 = 770	632 − 20 = 612
246 − 44 = 202	775 − 25 = 750	381 − 160 = 221
446 − 244 = 202	375 − 255 = 120	173 − 140 = 33
956 − 442 = 514	670 − 325 = 345	1000 − 550 = 450

5 Detektiv Willi ist auf der Suche nach dem richtigen Ergebnis.
Verbinde jeweils Aufgabe und Ergebnis.

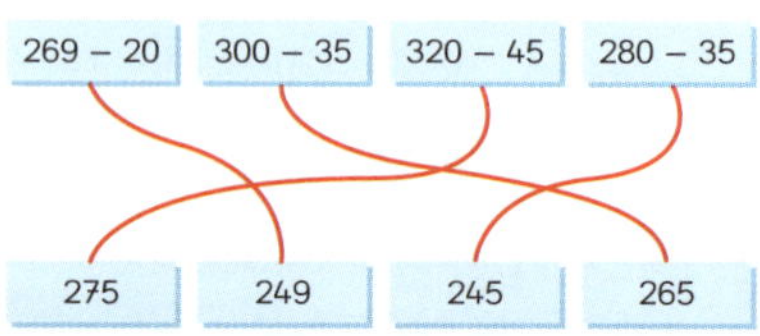

STICKER

1 Bei welchen Ziffern wird aufgerundet, bei welchen Ziffern wird abgerundet? Male entsprechend an.

2 7 4 8 9 5 0 1 6 3

2 Die Detektive Willi und Billi haben gestohlene Säcke mit Münzen entdeckt. Runde auf Zehner.

538 ≈ 540 | 612 ≈ 610 | 176 ≈ 180 | 55 ≈ 60 | 853 ≈ 850 | 98 ≈ 100 | 444 ≈ 440

239 ≈ 240 | 233 ≈ 230 | 874 ≈ 870 | 847 ≈ 850 | 515 ≈ 520 | 514 ≈ 510

3 Willi und Billi entdecken auch Kisten mit gestohlenen CDs. Runde auf Hunderter.

384 ≈ 400 | 430 ≈ 400 | 147 ≈ 100 | 552 ≈ 600 | 922 ≈ 900

178 ≈ 200 | 69 ≈ 100 | 751 ≈ 800 | 263 ≈ 300 | 815 ≈ 800

4

Zahl	173	694	412	777	355	218	506
gerundet auf Zehner	170	690	410	780	360	220	510
gerundet auf Hunderter	200	700	400	800	400	200	500

1 Rechne. Färbe die Ergebnisfelder mit Bleistift.

180 + 200 = 380 | 448 + 350 = 798 | 327 + 105 = 432
280 + 250 = 530 | 348 + 356 = 704 | 327 + 150 = 477
480 + 360 = 840 | 158 + 456 = 614 | 327 + 500 = 827

766 – 200 = 566 | 550 – 230 = 320 | 848 – 104 = 744
766 – 240 = 526 | 550 – 239 = 311 | 848 – 134 = 714
366 – 240 = 126 | 530 – 239 = 291 | 648 – 234 = 414

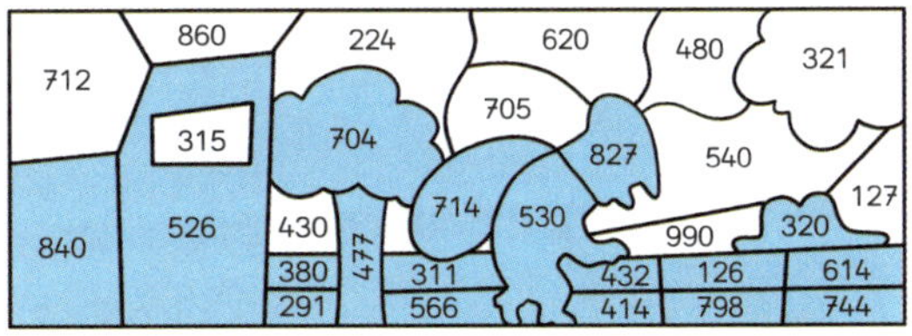

2 Verbinde Aufgabe und Überschlag.

426 – 238 — 400 – 200
186 + 123
316 + 378
687 – 156
457 + 392 — 450 + 400
732 – 341
700 – 150
245 + 279 — 250 + 300
300 + 400
200 + 100
700 – 300

1 348 + 26 = 374

348 + 20 = 368
368 + 6 = 374

340 + 20 = 360
8 + 6 = 14
360 + 14 = 374

Rechne auf deinem Weg.

254 + 37 = 291
427 + 16 = 443
635 + 58 = 693
346 + 25 = 371
457 + 330 = 787
528 + 150 = 678
133 + 805 = 938
645 + 220 = 865

1 834 – 58 = 776

834 – 50 = 784
784 – 8 = 776

834 – 8 = 826
826 – 50 = 776

834 – 60 = 774
774 + 2 = 776

Rechne auf deinem Weg.

645 – 26 = 619
427 – 45 = 382
956 – 37 = 919
455 – 72 = 383
753 – 280 = 473
913 – 540 = 373
836 – 108 = 728

1 454 + 198

454 + 200 = 654
654 – 2 = 652

Rechne geschickt.

346 + 297 = 643
346 + 300 = 646
646 – 3 = 643

199 + 653 = 852
200 + 653 = 853
853 – 1 = 852

475 + 390 = 865
475 + 400 = 875
875 – 10 = 865

574 + 98 = 672
574 + 100 = 674
674 – 2 = 672

2

+	99	199	297
536	635	735	833

+	143	354	664
298	441	652	962

3 Ist der Rechenweg richtig? Kreuze an.

365 + 199
365 + 200 = 565
565 + 1 = 566
☐ richtig ☒ falsch

634 + 297
634 + 300 = 934
☐ richtig ☒ falsch

198 + 754
200 + 754 = 954
954 – 2 = 952
☒ richtig ☐ falsch

1 874 – 299

874 – 300 = 574
574 + 1 = 575

Rechne geschickt.

542 – 199 = 343
542 – 200 = 342
342 + 1 = 343

355 – 98 = 257
355 – 100 = 255
255 + 2 = 257

686 – 290 = 396
686 – 300 = 386
386 + 10 = 396

877 – 198 = 679
877 – 200 = 677
677 + 2 = 679

2

–	199	98	297
853	654	755	556

–	599	97	298
734	135	637	436

3 Ist der Rechenweg richtig? Kreuze an.

548 – 299
548 – 300 = 248
248 + 1 = 249
☒ richtig ☐ falsch

864 – 397
864 – 400 = 464
464 – 3 = 461
☐ richtig ☒ falsch

1 Kreuze an und trage ein.

Die Detektive Schleich und Klein verfolgen einen Verdächtigen mit dem Auto. Sie sind 300 km über die Autobahn gefahren und 290 km über die Landstraße.

☐ Wo sind Schleich und Klein jetzt?
☒ Wie viele Kilometer sind Schleich und Klein insgesamt gefahren?
☐ Warum verfolgen Schleich und Klein den Verdächtigen?

Im Juweliergeschäft wurde eingebrochen. Die Diebe haben drei Schachteln mit je 25 Uhren gestohlen und sechs Schachteln mit je 111 Uhren.

☐ 3 + 25 = ___ 6 + 111 = ___ ___ + ___ = ___
☒ 3 · 25 = 75 6 · 111 = 666 75 + 666 = 741

Es wurden insgesamt 741 Uhren gestohlen.

Agentin Agathe hat einen Sack mit Diebesgut gefunden. Darin sind 399 Perlen, die 2 cm groß sind und 475 Perlen, die 1 cm groß sind.

☒ 399 + 475 ☐ 475 – 399
☐ 399 · 2 ☐ 399 + 2 + 475 + 1

Im Sack sind 874 Perlen.

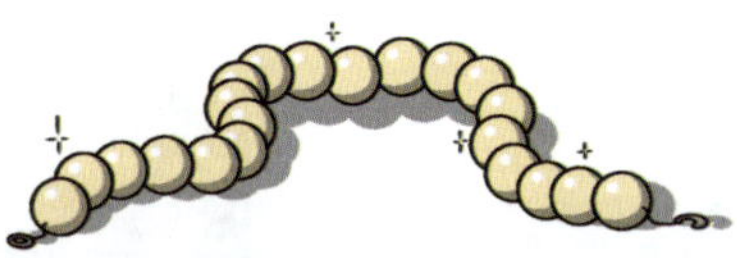

Der Räuber hat 950 Goldbarren gestohlen. Agentin Agathe hat 247 der gestohlenen Goldbarren bereits gefunden.

Frage
☐ Wo hat die Agentin die Goldbarren gefunden?
☐ Warum hat die Agentin nicht alle Goldbarren gefunden?
☒ Wie viele Goldbarren hat die Agentin noch nicht gefunden?

Antwort
☐ Die Agentin hat die Goldbarren in 703 km Entfernung gefunden.
☐ Die Agentin muss noch an 703 Stellen suchen.
☒ Die Agentin hat 703 Goldbarren noch nicht gefunden.

Die Detektive Schleich und Klein haben 420 € verdient. Sie teilen sich das Geld gerecht. Wie viel bekommt jeder?

420 € : 2 = 210 €

Antwort: Jeder bekommt 210 €.

1 Färbe: Würfel, Quader, Pyramide, Zylinder, Kegel, Kugel

2 Welche Aussagen treffen auf die Körper zu? Unterstreiche in entsprechender Farbe.

Ich bin der Quader.
Ich habe 5 Ecken.
Alle Kanten sind gleich lang.
Ich bin die Pyramide.
Ich habe 2 Flächen.
Ich kann rollen.
Ich bin der Würfel.
Ich habe 8 Ecken.
Ich habe 5 Flächen.
Ich habe 12 Kanten.
Ich habe keine Ecken.
Ich bin der Kegel.
Ich habe 6 Flächen.
Ich habe 3 Flächen.
Ich habe 2 Kanten.

1 Kreuze an, welche Netze sich zu Würfeln oder Quadern falten lassen.

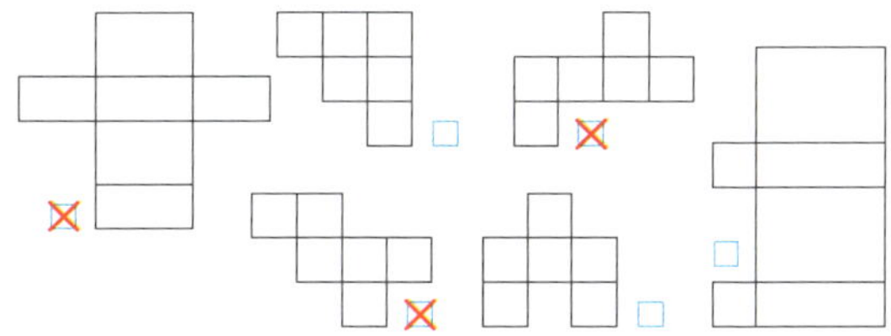

2 Beim gefalteten Würfel sollen gegenüberliegende Flächen die gleiche Farbe haben. Male entsprechend an.

3 Welche gefalteten Würfel passen zu dem Netz? Kreuze an.

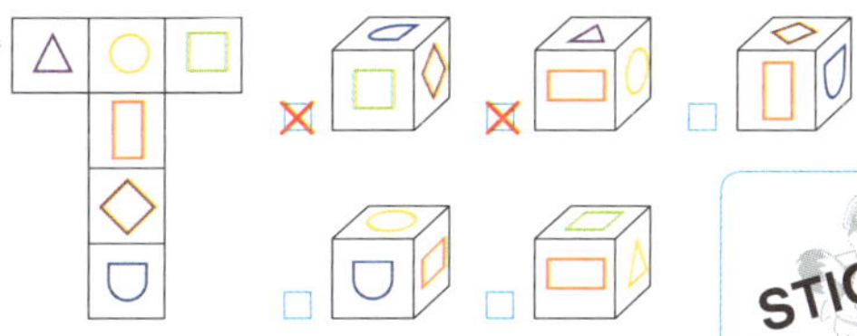

1

241 + 156 = 397
362 + 214 = 576
183 + 504 = 687
403 + 116 = 519
570 + 118 = 688

422 + 317 = 739
147 + 701 = 848
256 + 32 = 288
719 + 270 = 989
67 + 332 = 399

2

725 + 138 = 863
482 + 269 = 751
593 + 228 = 821

309 + 587 = 896
665 + 317 = 982
857 + 86 = 943
478 + 232 = 710
78 + 853 = 931

274 + 526 = 800
357 + 76 = 433
555 + 186 = 741
494 + 342 = 836
763 + 127 = 890

3 Trage die fehlenden Ziffern ein.

325 + 154 = 479
512 + 271 = 783
164 + 724 = 888
332 + 315 = 647
251 + 131 = 382

326 + 417 = 743
364 + 278 = 642
34 + 857 = 891
273 + 427 = 700
363 + 548 = 911

4

318 + 154 + 223 = 695
164 + 443 + 192 = 799
428 + 67 + 326 = 821
47 + 203 + 185 = 435
631 + 175 + 38 = 844

5 Wähle jeweils zwei Karten aus und addiere schriftlich.

352 426 85 483 267
187 176 136 64 248

(Es gibt verschiedene Lösungen.)

6 Richtig oder falsch? Kreuze an. Verbessere falsche Aufgaben.

[x] richtig [ ] falsch: 284 + 157 = 441
[x] richtig [ ] falsch: 358 + 339 = 697

[ ] richtig [x] falsch: 428 + 285 = 703 — 428 + 285 = 713
[ ] richtig [x] falsch: 218 + 181 = 409 — 218 + 181 = 399

1

856 − 324 = 532	993 − 210 = 783	587 − 184 = 403	349 − 237 = 112	742 − 431 = 311
496 − 283 = 213	639 − 125 = 514	855 − 855 = 0	792 − 551 = 241	368 − 247 = 121

2

532 − 218 = 314	421 − 118 = 303	836 − 428 = 408	367 − 256 = 111	
477 − 284 = 193	613 − 384 = 229	246 − 72 = 174	952 − 549 = 403	333 − 163 = 170
224 − 183 = 41	615 − 244 = 371	838 − 546 = 292	751 − 167 = 584	552 − 86 = 466

3 Trage die fehlenden Ziffern ein.

731 − 321 = 410	583 − 131 = 452	479 − 203 = 276	928 − 317 = 611	868 − 736 = 132
871 − 628 = 243	691 − 456 = 235	527 − 333 = 194	712 − 204 = 508	222 − 155 = 67

4

925 − 517 = 408	343 − 161 = 182	512 − 356 = 156	239 − 82 = 157	683 − 494 = 189
620 − 157 = 463	809 − 276 = 533	408 − 279 = 129	756 − 508 = 248	374 − 206 = 168

5 Subtrahiere schriftlich.

332 – 174 841 – 522 517 – 409 461 – 75

332 − 174 = 158	841 − 522 = 319	517 − 409 = 108	461 − 75 = 386

423 – 248 762 – 183 211 – 54 955 – 773

423 − 248 = 175	762 − 183 = 579	211 − 54 = 157	955 − 773 = 182

6 Setze fort.

Was fällt dir auf?

727 − 54 = 673	747 − 154 = 593	767 − 254 = 513
787 − 354 = 433	807 − 454 = 353	827 − 554 = 273

1 Reicht das Geld? Überschlage.

		ja	nein
		X	
		X	
			X
		X	
			X
	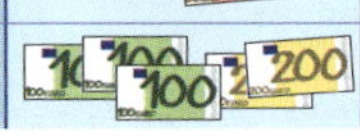	X	

2 Welcher Überschlag passt? Kreuze an.

19,95 € + 23,80 €	12,85 € – 3,42 €	144,90 € – 14,95 €
[x] 20 € + 24 €	[ ] 20 € – 5 €	[ ] 40 € – 20 €
[ ] 10 € + 20 €	[x] 13 € – 3 €	[x] 145 € – 15 €

7,75 € + 21,85 €	31,25 € + 18,65 €	85,24 € – 17,65 €
[x] 8 € + 22 €	[x] 30 € + 20 €	[ ] 86 € – 18 €
[ ] 5 € + 85 €	[ ] 35 € + 29 €	[x] 85 € – 18 €

1

24,95 € + 3,87 € = 28,82 €	44,75 € − 16,29 € = 28,46 €	2,85 € + 19,78 € = 22,63 €	36,90 € − 18,65 € = 18,25 €

2 Überschlage im Kopf. Markiere und rechne alle Aufgaben, deren Ergebnis größer als 30 € ist.

Stehen die Kommas untereinander?

- X 12,08 € + 19,47 €
- 18,15 € + 4,58 €
- 50,10 € – 28,49 €
- X 75,94 € – 43,19 €
- 7,63 € + 16,03 €
- 47,35 € – 28,75 €
- 192,05 € – 168,49 €
- X 19,85 € + 14,63 €

12,08 € + 19,47 € = 31,55 €	75,94 € − 43,19 € = 32,75 €	19,85 € + 14,63 € = 34,48 €

3

32,59 € + 27,15 € + 13,48 € = 73,22 €	204,98 € + 157,80 € + 96,55 € = 459,33 €
368,06 € + 80,73 € + 109,08 € = 557,87 €	78,62 € + 354,09 € + 185,67 € = 618,38 €

1 Die beiden Detektive Schleich und Klein vergleichen die Uhrzeiten. Schleich hat eine Armbanduhr mit Stunden- und Minutenzeiger, die immer richtig geht. Klein muss die Uhrzeit auf seinem Mobiltelefon häufig korrigieren.

Schleich **Klein**

Zeigt Detektiv Kleins Uhr die richtige Zeit? Falls nein, schreibe die richtige Uhrzeit auf.

- ☐ ja ☒ nein 10 : 00 Uhr
- ☐ ja ☒ nein 08 : 55 Uhr
- ☐ ja ☒ nein 14 : 05 Uhr
- ☒ ja ☐ nein ___ : ___ Uhr

2 Die beiden Detektive treffen sich nach $1\frac{1}{2}$ Stunden wieder. Wie spät ist es jetzt? Zeichne ein und schreibe auf.

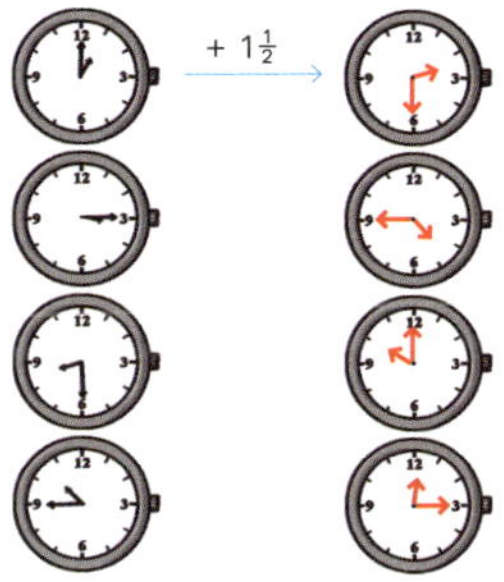

- 14 : 30 Uhr (2:30)
- 16 : 45 Uhr (4:45)
- 10 : 00 Uhr (22:00)
- 12 : 15 Uhr (0:15)

3 Was gehört zusammen? Verbinde.

15 Minuten	$1\frac{1}{2}$ Stunden
30 Minuten	$\frac{1}{4}$ Stunde
45 Minuten	$\frac{1}{2}$ Stunde
60 Minuten	$\frac{3}{4}$ Stunde
90 Minuten	1 Stunde

4 Agentin Agathe beobachtet, dass sich der Verdächtige an drei Abenden mit einem Unbekannten zu geheimen Gesprächen trifft. Wie viele Stunden und Minuten dauern die Gespräche jeweils?

1. Abend	20:16 – 21:47 Uhr	1 h 31 min
2. Abend	20:09 – 21:53 Uhr	1 h 44 min
3. Abend	21:31 – 23:49 Uhr	2 h 18 min

5 Agentin Agathe beschattet den Verdächtigen immer genau 8 Stunden und 15 Minuten lang. Um wie viel Uhr macht Agathe jeweils Feierabend?

Beginn der Verfolgung	Ende der Verfolgung
10:15 Uhr	18 : 30 Uhr
20:27 Uhr	04 : 42 Uhr
12:08 Uhr	20 : 23 Uhr
23:56 Uhr	08 : 11 Uhr

1 Der Dieb versucht, ein Fahrrad zu stehlen. Es ist mit einem Zahlenschloss gesichert.

Der Dieb konnte beobachten, dass der Besitzer die Ziffern 2, 6 und 8 benutzt hat, jede ein Mal. Welche Möglichkeiten gibt es mit diesen 3 Ziffern?

268 286 628 682 826 862

2 Ein anderes Fahrrad ist ebenfalls mit einem Zahlenschloss gesichert. Die erste Ziffer ist eine 1, die zweite eine 5. Wie viele Möglichkeiten gibt es dann für die Ziffernkombination?

150	155
151	156
152	157
153	158
154	159

Es gibt zehn Möglichkeiten.

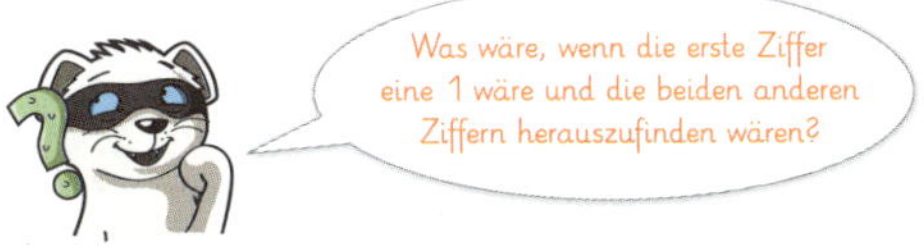

3 Detektiv Willi übernimmt einen neuen Fall und möchte sich schick machen. Er hat drei Mützen, zwei Mäntel und zwei Brillen zur Auswahl.

Welche Möglichkeiten hat Willi, sich anzuziehen?

Wie viele Möglichkeiten hätte Willi, wenn er nur zwei Mützen, zwei Mäntel und zwei Brillen hätte?

Willi hätte dann acht Möglichkeiten.

Die Kaufhausdetektive Willi und Billi sollten ermitteln, wann die meisten Ladendiebstähle passieren. Dazu führten sie drei Monate lang eine Strichliste.

9:00 Uhr bis 12:00 Uhr	卌 卌 ||	12
12:00 Uhr bis 15:00 Uhr	卌 |	6
15:00 Uhr bis 18:00 Uhr	卌 卌 卌 卌 ||||	24
18:00 Uhr bis 21:00 Uhr	卌 |	6

1 Die Ergebnisse wurden in einem Kreisdiagramm festgehalten. Insgesamt konnten die Detektive 48-mal einen Dieb erwischen. Fülle die Tabelle fertig aus und färbe das Kreisdiagramm.

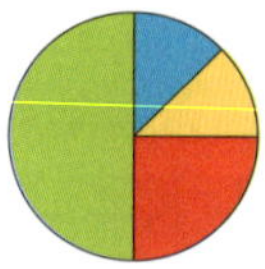

2 In welchem Zeitraum geschahen die meisten Ladendiebstähle?

Zwischen 15 Uhr und 18 Uhr.

3 In diesem Kreisdiagramm sieht man, welche Dinge wie oft gestohlen wurden. Ordne zu. Kosmetik und Spielwaren wurden gleich oft gestohlen.

Die meisten Diebe nahmen Elektronikartikel mit. Kleidung wurde doppelt so häufig gestohlen wie Kosmetik.

(Beispiellösung)

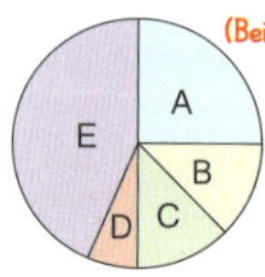

Kosmetik: B (C)

Elektronikartikel: E

Spielwaren: C (B)

Kleidung: A

Sonstiges: D

Agentin Agathe soll einen Fall lösen. Ein Besucher des Jahrmarkts fühlt sich betrogen. Er wollte Glücksrad D drehen. Da dieses besetzt war, ließ der Budenbesitzer ihn Glücksrad B drehen. Er sagte, dies hätte ja auch zwei Felder von jeder Farbe.

1 Ist der Besucher betrogen worden? Begründe.

Ja, er wurde betrogen. Bei Glücksrad B sind die grünen Felder kleine

Daher ist es unwahrscheinlicher einen Hauptgewinn zu erhalten.

2 Setze das richtige Wort ein.

sicher | wahrscheinlich | unwahrscheinlich | unmöglich

Bei Glücksrad D ist es unwahrscheinlich, Rot zu treffen.

Bei Glücksrad A ist es sicher, einen Gewinn zu erhalten.

Bei Glücksrad C ist es unmöglich, einen Hauptgewinn zu erhalten.

3 Male das Glücksrad so an, dass es **wahrscheinlich** ist, Grün zu treffen.

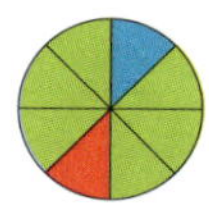

(Hier gibt es verschiedene Lösungsmöglichkeiten.)

1

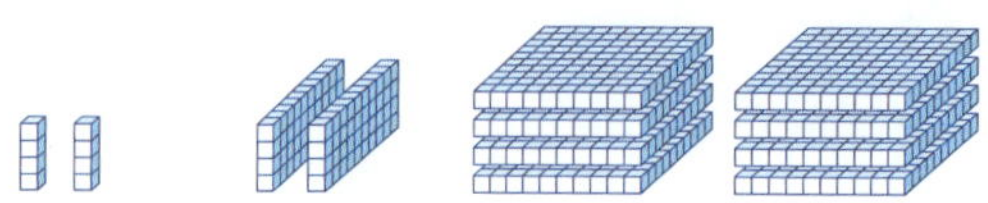

$2 \cdot 4 = 8$ $\quad 2 \cdot 40 = 80$ $\quad 2 \cdot 400 = 800$

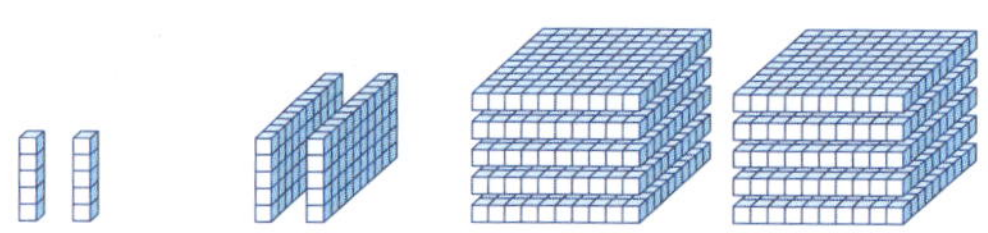

$2 \cdot 5 = 10$ $\quad 2 \cdot 50 = 100$ $\quad 2 \cdot 500 = 1000$

2

$2 \cdot 3 = 6$	$4 \cdot 2 = 8$	$3 \cdot 3 = 9$
$2 \cdot 30 = 60$	$4 \cdot 20 = 80$	$3 \cdot 30 = 90$
$2 \cdot 300 = 600$	$4 \cdot 200 = 800$	$3 \cdot 300 = 900$
$5 \cdot 2 = 10$	$3 \cdot 2 = 6$	$3 \cdot 4 = 12$
$5 \cdot 20 = 100$	$3 \cdot 20 = 60$	$3 \cdot 40 = 120$
$5 \cdot 200 = 1000$	$3 \cdot 200 = 600$	$3 \cdot 400 = 1200$

3

·	10	20	30	40	50	60	70	80	90	100
2	20	40	60	80	100	120	140	160	180	200
3	30	60	90	120	150	180	210	240	270	300
4	40	80	120	160	200	240	280	320	360	400
5	50	100	150	200	250	300	350	400	450	500
10	100	200	300	400	500	600	700	800	900	1000

1

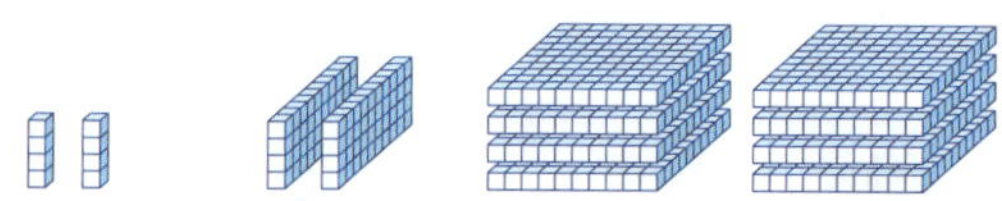

$8 : 2 = 4$ $\quad 80 : 2 = 40$ $\quad 800 : 2 = 400$

$8 : 4 = 2$ $\quad 80 : 40 = 2$ $\quad 800 : 400 = 2$

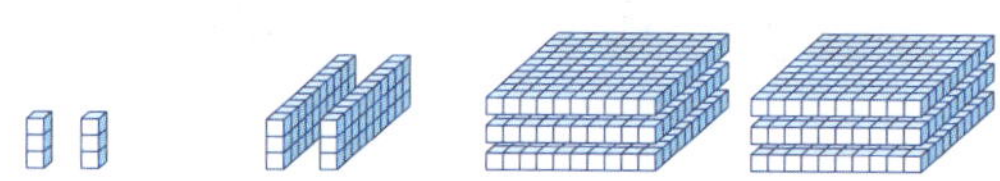

$6 : 2 = 3$ $\quad 60 : 2 = 30$ $\quad 600 : 2 = 300$

$6 : 3 = 2$ $\quad 60 : 30 = 2$ $\quad 600 : 300 = 2$

2

$20 : 4 = 5$	$40 : 4 = 10$	$16 : 4 = 4$
$200 : 4 = 50$	$400 : 4 = 100$	$160 : 4 = 40$
$200 : 40 = 5$	$400 : 40 = 10$	$160 : 40 = 4$
$42 : 6 = 7$	$42 : 7 = 6$	$56 : 7 = 8$
$420 : 6 = 70$	$420 : 7 = 60$	$560 : 7 = 80$
$420 : 60 = 7$	$420 : 70 = 6$	$560 : 70 = 8$

3 Finde passende Malaufgaben.

320	350	720
$4 \cdot 80$	$5 \cdot 70$	$9 \cdot 80$
$40 \cdot 8$	$50 \cdot 7$	$90 \cdot 8$
$80 \cdot 4$	$70 \cdot 5$	$80 \cdot 9$
$8 \cdot 40$	$7 \cdot 50$	$8 \cdot 90$

(Hier gibt es verschiedene Lösungsmöglichkeiten.)

(Auf dieser Seite sind unterschiedliche Lösungen möglich, zum Beispiel:)

1 Schätze. Wie viele Punkte sind es ungefähr? Wie rechnest du?

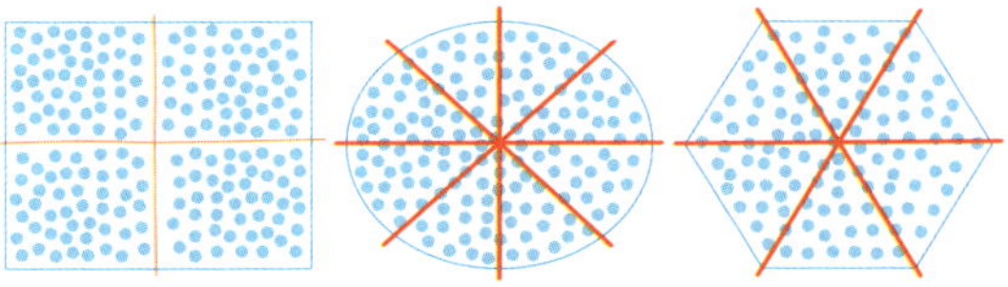

ungefähr: 200	ungefähr: 160	ungefähr: 120
Mein Lösungsweg:	Mein Lösungsweg:	Mein Lösungsweg:
In jedem Feld sind ungefähr 6 · 8 = 48 Punkte, also ungefähr 50 Punkte.	In jedem Feld sind ungefähr 20 Punkte.	In jedem Feld sind ungefähr 20 Punkte.
4 · 50 = 200	8 · 20 = 160	6 · 20 = 120

2 Schätze. Wie viele Perlen sind ungefähr in jedem Glas? Wie rechnest du?

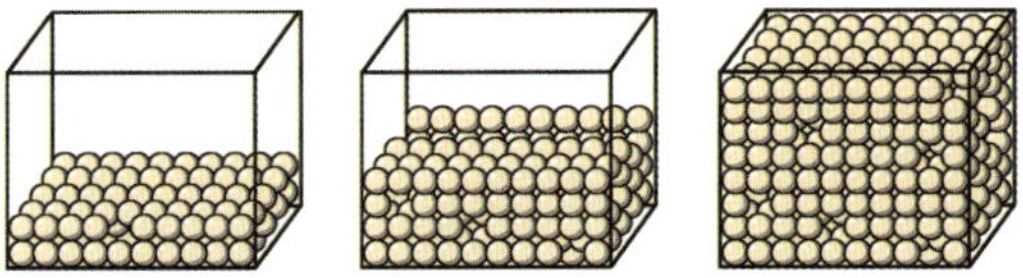

ungefähr: 100	ungefähr: 210	ungefähr: 400
Mein Lösungsweg:	Mein Lösungsweg:	Mein Lösungsweg:
10 · 5 = 50	10 · 5 = 50	10 · 5 = 50
50 + 50 = 100	4 · 50 = 200	8 · 50 = 400
	200 + 10 = 210	

1 Welche Rechnungen stimmen? Kreuze an.

7 · 5 + 3 = 38 ☒
7 · 5 + 3 = 56 ☐

9 · 6 – 4 = 18 ☐
9 · 6 – 4 = 50 ☒

20 : 5 + 5 = 9 ☒
20 : 5 + 5 = 2 ☐

24 : 6 – 3 = 8 ☐
24 : 6 – 3 = 1 ☒

2

4 + 7 · 5 = 39	6 + 6 · 6 = 42	60 – 4 · 5 = 40
9 · 4 + 8 = 44	8 + 4 · 3 = 20	4 · 5 – 20 = 0
6 · 8 + 7 = 55	5 · 5 + 8 = 33	10 · 8 – 7 = 73
5 + 8 · 8 = 69	4 · 7 + 5 = 33	30 – 2 · 8 = 14

3 · 5 + 2 = 17

3

16 : 4 + 9 = 13	63 + 9 : 3 = 66	80 : 8 – 6 = 4
8 + 15 : 3 = 13	60 : 6 + 4 = 14	18 – 9 : 9 = 17
49 : 7 + 7 = 14	44 + 4 : 4 = 45	
7 + 49 : 7 = 14	9 + 12 : 4 = 12	

5 · 29 = 145

5 · 20 = 100	5 · 30 = 150
5 · 9 = 45	5 · 1 = 5
100 + 45 = 145	150 – 5 = 145

1 Rechne auf deinem Weg.

3 · 34 = 102

8 · 41 = 328

4 · 45 = 180

7 · 39 = 273

3 · 124 = 372

2 · 449 = 898

2 Wo ist der Fehler im Rechenweg? Kreuze an. Rechne richtig.

5 · 24 =
5 · 20 = 120 ☒
5 · 4 = 20 ☐
120 + 20 = 140 ☐

5 · 24 = 120
5 · 20 = 100
5 · 4 = 20
100 + 20 = 120

6 · 54 =
6 · 50 = 300 ☐
6 · 4 = 26 ☒
300 + 26 = 326 ☐

6 · 54 = 324
6 · 50 = 300
6 · 4 = 24
300 + 24 = 324

3 · 246 =
3 · 200 = 600 ☐
3 · 40 = 140 ☒
3 · 6 = 18 ☐
600 + 140 = 740 ☐
740 + 18 = 758 ☐

3 · 246 = 738
3 · 200 = 600
3 · 40 = 120
3 · 6 = 18
600 + 120 = 720
720 + 18 = 738

4 · 249 =
4 · 250 = 1 000 ☐
1000 – 9 = 991 ☒

4 · 249 = 996
4 · 250 = 1000
1000 – 4 = 996

92 : 4 = 23

40 : 4 = 10 40 : 4 = 10 12 : 4 = 3 10 + 10 + 3 = 23	80 : 4 = 20 12 : 4 = 3 20 + 3 = 23	100 : 4 = 25 8 : 4 = 2 25 − 2 = 23

1 Rechne auf deinem Weg.

51 : 3 = 17

84 : 4 = 21

96 : 8 = 12

78 : 3 = 26

126 : 3 = 42

378 : 6 = 63

2 Wo ist der Fehler im Rechenweg? Kreuze an. Rechne richtig.

85 : 5 =
100 : 5 = 20 ☐
15 : 5 = 3 ☐
20 + 3 = 23 ☒

55 : 5 = 17
100 : 5 = 20
15 : 5 = 3
20 − 3 = 17

75 : 3 =
30 : 3 = 10 ☐
30 : 3 = 10 ☐
15 : 3 = 5 ☐
10 + 10 + 5 = 35 ☒

75 : 3 = 25
10 + 10 + 5 = 25

172 : 4 =
160 : 4 = 80 ☒
12 : 4 = 3 ☐
80 + 3 = 83 ☐

172 : 4 = 43
160 : 4 = 40
12 : 4 = 3
40 + 3 = 43

216 : 3 =
21 : 3 = 7 ☒
6 : 3 = 2 ☐
7 + 2 = 9 ☐

216 : 3 = 72
210 : 3 = 70
6 : 3 = 2
70 + 2 = 72

195 : 5 =
200 : 5 = 40 ☐
5 : 5 = 1 ☐
40 + 1 = 41 ☒

195 : 5 = 39
40 − 1 = 39

1 Agentin Agathe verfolgt den Verdächtigen mit der Bahn. Der Verdächtige steigt einmal um.

1. Strecke	2. Strecke	gefahrene km insgesamt
270 km	350 km	620 km
321 km	690 km	1011 km
277 km	408 km	685 km
99 km	513 km	612 km
127 km	305 km	432 km

2 Die Detektive Schleich und Klein fahren nach der Verfolgung eines Verdächtigen nach Hause.

Kilometerstand zu Hause	600 km	180 km	999 km
Kilometerstand nach der Verfolgung	570 km	92 km	777 km
Länge des Heimweges	30 km	88 km	222 km

3 Die Detektive Schleich und Klein trainieren von Montag bis Donnerstag ihre Kondition. Detektiv Klein läuft täglich einen Kilometer. In derselben Zeit läuft Detektiv Schleich

Mo: 200 m   Di: 270 m   Mi: 330 m   Do: 410 m

Wie viele Meter fehlen jeweils noch bis zu einem Kilometer?

Mo: 800 m   Di: 730 m   Mi: 670 m   Do: 590 m

4 Die Detektive Schleich und Klein trainieren mit dem Fahrrad.

Detektiv Klein		Detektiv Schleich	
km	Zeit	km	Zeit
16 km	1 h	9 km	1 h
8 km	30 min	3 km	20 min
4 km	15 min	6 km	40 min
12 km	45 min	18 km	2 h

5 Ergänze zum vollen und halben Kilometer.

1 km	$\frac{1}{2}$ km	750 m	1000 m	500 m	200 m	100 m	50 m
	500 m	250 m	0 m	500 m	800 m	900 m	950 m
$\frac{1}{2}$ km	100 m	500 m	$\frac{1}{2}$ m	2 m	20 m	200 m	222 m
	400 m	0 m	499,5 m	498 m	480 m	300 m	278 m

6 Ordne zu. Verbinde.

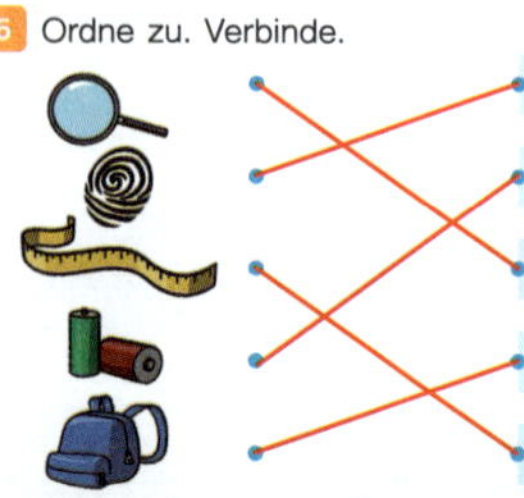

14 mm
50 mm
145 mm
45 cm
100 cm

1 Die Detektive Schleich und Klein haben einen Teil der Beute gefunden. Der Sack mit Gold wiegt 9 kg, der Sack mit Schmuck wiegt 6 kg.

a) Wie schwer sind beide Säcke zusammen?

Beide Säcke zusammen wiegen 15 kg.

b) Ein Zeuge schätzt, dass der Räuber ungefähr 6-mal so schwer ist wie beide Säcke zusammen.
Wie viel wiegt der Räuber ungefähr?

Der Räuber wiegt ungefähr 90 kg.

c) Ein anderer Zeuge schätzt, dass der Räuber etwa 10-mal so viel wiegt wie der Sack mit Gold.
Wie viel kg wiegt der Räuber vermutlich?

Der Räuber wiegt vermutlich 90 kg.

d) Als der Räuber gefasst wird, stellt sich heraus, dass er 30-mal so viel wiegt wie der halbe Sack mit Schmuck.
Welcher Zeuge hatte Recht?

Beide Zeugen hatten Recht. Der Räuber wiegt 90 kg, denn 6 · 15 kg = 90 kg, 10 · 9 kg = 90 kg und 30 · 3 kg = 90 kg.

2 Die beiden Detektive wiegen zusammen 160 kg. Wie viel kg wiegt jeder der beiden Detektive? Schreibe vier Möglichkeiten auf.
(Beispiellösung)

Detektiv Klein	60 kg	70 kg	80 kg	75 kg
Detektiv Schleich	100 kg	90 kg	80 kg	85 kg

3 Ordne zu. Verbinde.

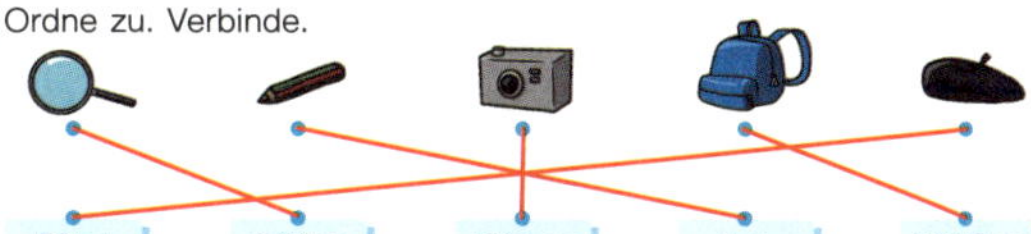

50 g | 200 g | 380 g | 5 g | 1200 g

4 Ergänze zum halben und vollen Kilogramm.

$\frac{1}{2}$ kg	250 g	$\frac{1}{2}$ kg	500 g	125 g	75 g	7 g	1 g
	250 g	0 g	0 g	375 g	425 g	493 g	499 g
1 kg	500 g	$\frac{1}{2}$ kg	250 g	125 g	75 g	7 g	750 g
	500 g	500 g	750 g	875 g	925 g	993 g	250 g

5

Die Diebe haben zehn Ringe und zehn Armbanduhren gestohlen.
Wie schwer war die Beute?

10 · 16 g = 160 g   10 · 50 g = 500 g
160 g + 500 g = 660 g

Die Beute war 660 g schwer.

(Beispiellösung)
Die Diebe haben 100 Ketten und 100 Paare Ohrringe gestohlen.

Die Beute wiegt 2 200 g

1 Wie weit sind die beiden Detektive insgesamt in der Woche gefahren?

25 km + 175 km = 200 km
181 km + 99 km = 280 km

$$\begin{array}{r} 250\,km \\ +\ 200\,km \\ +\ 280\,km \\ \hline 730\,km \end{array}$$

Fahrten Schleich & Klein vergangene Woche:	
Montag	250 km
Dienstag	25 km
Mittwoch	175 km
Donnerstag	181 km
Freitag	99 km

In dieser Woche fahren die Detektive am Mittwoch und Donnerstag doppelt so weit. An allen anderen Tagen fahren sie genauso weit wie in der vergangenen Woche.
Wie weit sind sie insgesamt in dieser Woche gefahren?

Mittwoch: 175 km + 175 km = 350 km
Donnerstag: 181 km + 181 km = 362 km

$$\begin{array}{r} 250\,km \\ +\ 25\,km \\ +\ 350\,km \\ +\ 362\,km \\ +\ 99\,km \\ \hline 1086\,km \end{array}$$

In dieser Woche sind sie insgesamt 1086 km weit gefahren.

Die Detektive haben im Schnitt für 100 km eine Stunde gebraucht. Wie viele Stunden waren die Detektive insgesamt etwa unterwegs?

- in dieser Woche: etwa 11 Stunden
- in der vergangenen Woche: etwa 7 Stunden

2 Agentin Agathe wiegt die Beute, die sie sichergestellt hat.

Gold	10 kg
Schmuck	20 kg
Perlenketten	5 kg
Armbanduhren	22 kg
Fotoapparate	30 kg

Wie viel wiegt die gesamte Beute?

$$\begin{array}{r} 10\,kg \\ +\ 20\,kg \\ +\ 5\,kg \\ +\ 22\,kg \\ +\ 30\,kg \\ \hline 87\,kg \end{array}$$

Die gesamte Beute wiegt 87 kg.

Agentin Agathe bekommt pro Kilogramm Beute 3 € Belohnung.
Wie viel Geld erhält die Agentin insgesamt?

87 · 3
261

Die Agentin erhält insgesamt 261 € Belohnung.

Wie viel Geld hätte Agathe bekommen, wenn sie nur Gold, Schmuck und Perlenketten gefunden hätte?

35 · 3
105

Die Agentin hätte 105 € bekommen.

Wie viele Perlenketten hat Agentin Agathe etwa gefunden, wenn 50 Perlenketten zusammen ungefähr 1 kg wiegen?

50 · 5
250

Die Agentin Agathe hat etwa 250 Perlenketten gefunden.

Wie viele Fotoapparate hat Agathe etwa gefunden, wenn zehn Fotoapparate zusammen ungefähr 3 kg wiegen?

☐ 10 ☒ 100 ☐ 1000

1 Schreibe den Bauplan zu den Würfelgebäuden.

0	0	0
3	2	2
0	1	1

3	2	1
2	1	0
1	0	0

4	2	3
3	2	1
1	0	0

2 Wie viele Würfel brauchst du zum Bauen?

13   19   25

3 Wie viele Würfel fehlen, bis die Schachtel voll ist?

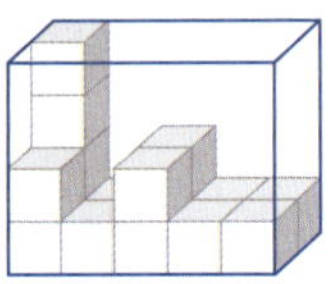

24

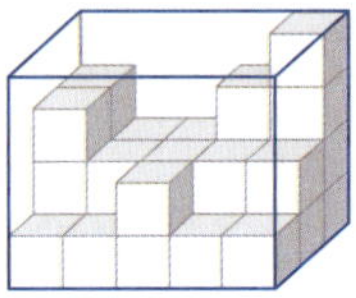

29

1 Auf der Suche nach einem großen Diamanten landen die Detektive Willi und Billi auf einer einsamen Insel.

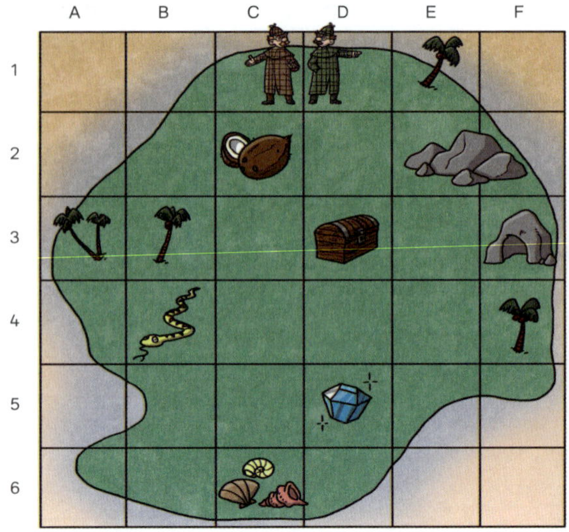

In welchen Planquadraten befinden sich die Gegenstände?

Kokosnuss C 2; Felsen E 2, F 2; Höhle F 3

Schatzkiste D 3; Muscheln C 6;

Schlange B 4; Diamant D 5;

Palmen A 3, B 3, E 1, F 4

1 Rechne.

+	27	61	200	334	750
50	77 K	111 E	250 F	384 H	800 O
56	83 A	117 R	256 M	390 H	806 M
234	261 M	295 I	434 U	568 T	984 W

–	12	50	62	110	212
800	788 Q	750 I	738 D	690 J	588 E
640	628 N	590 P	578 L	530 D	428 C
712	700 I	662 G	650 S	602 E	500 V

·	5	8	10	15	20
2	10 L	16 M	20 L	30 E	40 K
20	100 A	160 E	200 N	300 R	400 E
50	250 E	400 E	500 U	750 I	1000 S

:	2	10	20	25	50
200	100 U	20 L	10 F	8 W	4 X
500	250 E	50 I	25 H	20 L	10 S
700	350 T	70 B	35 N	28 N	14 A

2 Suche die Ergebniszahlen.
Trage die entsprechenden Buchstaben ein.

77	800	256	806
K	O	M	M

261	295	568
M	I	T

750	628
I	N

530	5	602
D	I	E

16	30	160	300	400	1000	8	250	20	350
M	E	E	R	E	S	W	E	L	T

S. 35

S. 37

S. 39

S. 41

S. 43

S. 45

S. 47

S. 49

S. 51

S. 53

S. 55

S. 57

S. 59

S. 61

S. 63

Alle drei Differenzierungshefte innerhalb einer Jahrgangsstufe verbindet ein gemeinsames Grundthema, das von Klassenstufe zu Klassenstufe wechselt. So ist das Lernen mit jedem nächsten Jahrgangsheft, egal ob als Basis, Fördern oder Fordern, wieder motivierend frisch und spannend, zumal bei der Themenauswahl auf die **Lieblingsthemen** der Altersgruppe besonderer Wert gelegt wurde:

Klasse 1: Zirkus
Klasse 2: Fantasy
Klasse 3: Detektive
Klasse 4: Piraten und Meereswelt

Alle Themen sind für Mädchen und Jungen gleichermaßen ansprechend aufbereitet und führen jeweils durch das gesamte Heft. Immer dabei ist die **Zahlenzorro-Leitfigur**, welche die Kinder humorvoll begleitet und mit Hilfen und Anregungen unterstützt.

In jedes Heft ist ein Lösungsteil integriert. Dieses **Lösungsheft** lässt sich zusammen mit dem **Stickerbogen** aus der Heftmitte heraustrennen. Das Lösungsheft kann auf diese Weise je nach Bedarf an die Seite gelegt oder auch der Schülerin/dem Schüler zum selbstständigen Überprüfen ausgehändigt werden. Nach Bearbeitung einer Doppelseite im Heft wird dann der Belohnungssticker aus dem Stickerbogen an die entsprechende Stelle unten rechts auf der Doppelseite eingeklebt. Wenn alle Aufkleber im Heft richtig platziert wurden, ergeben sie beim schnellen Durchblättern ein **Daumenkino** mit einem zum Heftthema passenden „Zahlenzorro-Film“ voller Überraschungen.

Viel Spaß mit unserer Zahlenzorro-Heftreihe wünscht
das Zahlenzorro-Team

Der Räuber hat 950 Goldbarren gestohlen. Agentin Agathe hat 247 der gestohlenen Goldbarren bereits gefunden.

Frage

☐ Wo hat die Agentin die Goldbarren gefunden?

☐ Warum hat die Agentin nicht alle Goldbarren gefunden?

☐ Wie viele Goldbarren hat die Agentin noch nicht gefunden?

Antwort

☐ Die Agentin hat die Goldbarren in 703 km Entfernung gefunden.

☐ Die Agentin muss noch an 703 Stellen suchen.

☐ Die Agentin hat 703 Goldbarren noch nicht gefunden.

Die Detektive Schleich und Klein haben 420 € verdient.
Sie teilen sich das Geld gerecht. Wie viel bekommt jeder?

Antwort: ______________________________

1 Färbe: Würfel ▩, Quader ▩, Pyramide ▩,
Zylinder ▩, Kegel ▩, Kugel ▩

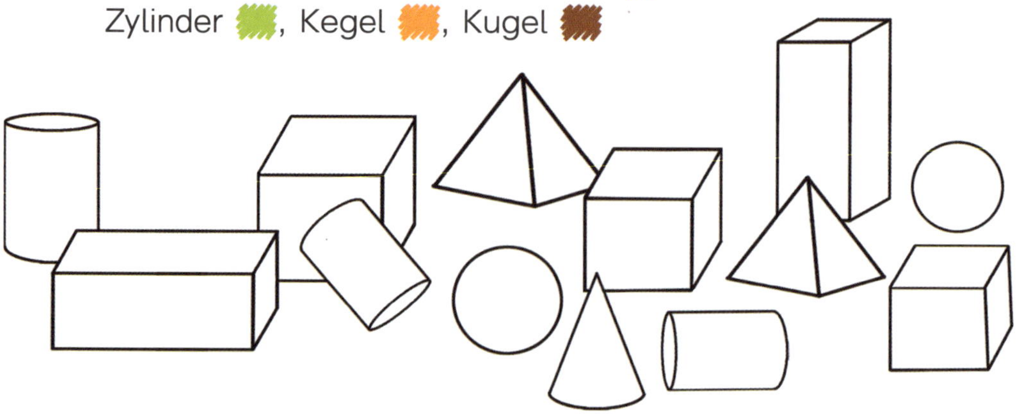

2 Welche Aussagen treffen auf die Körper zu?
Unterstreiche in entsprechender Farbe.

Ich bin der Quader.

Ich habe 5 Ecken.

Alle Kanten sind gleich lang.

Ich bin die Pyramide.

Ich habe 2 Flächen.

Ich kann rollen.

Ich bin der Würfel.

Ich habe 8 Ecken.

Ich habe 5 Flächen.

Ich habe 12 Kanten.

Ich habe keine Ecken.

Ich bin der Kegel.

Ich habe 6 Flächen.

Ich habe 3 Flächen.

Ich habe 2 Kanten.

1 Kreuze an, welche Netze sich zu Würfeln oder Quadern falten lassen.

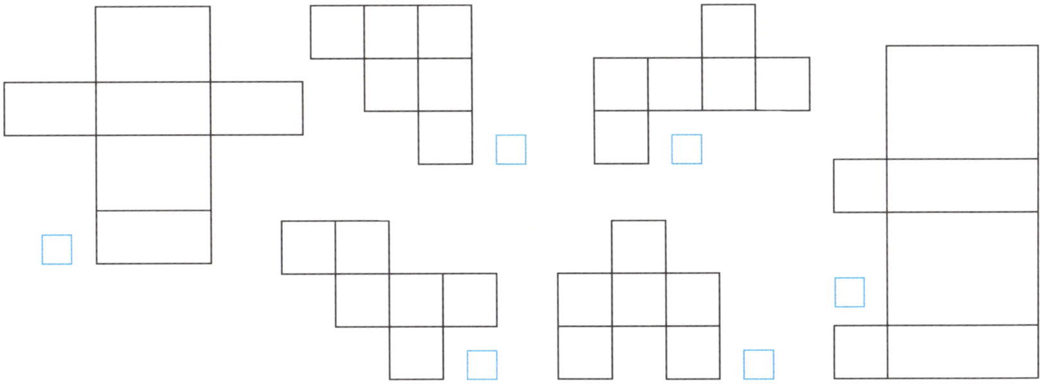

2 Beim gefalteten Würfel sollen gegenüberliegende Flächen die gleiche Farbe haben. Male entsprechend an.

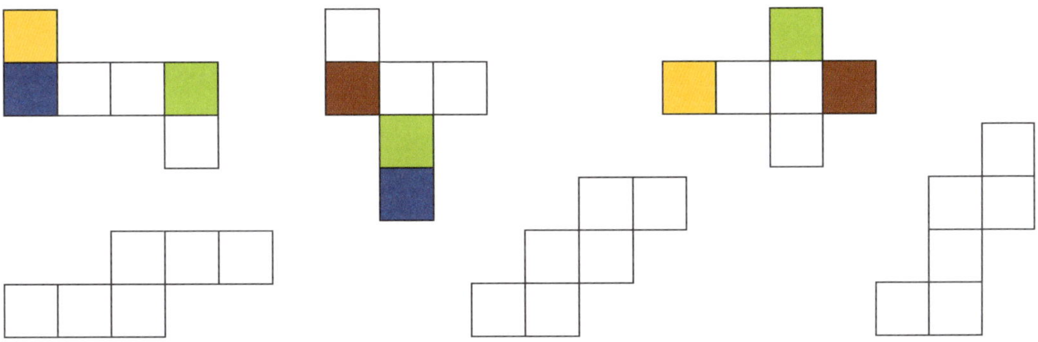

3 Welche gefalteten Würfel passen zu dem Netz? Kreuze an.

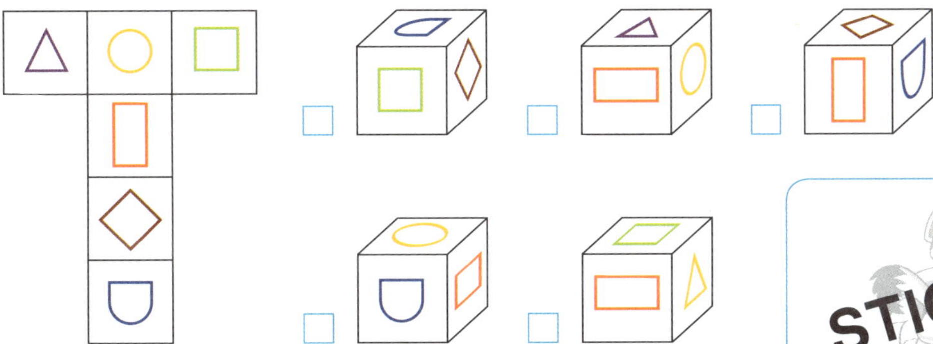

Schriftliches Addieren

1

- 241 + 156
- 362 + 214
- 183 + 504
- 403 + 116
- 570 + 118
- 422 + 317
- 147 + 701
- 256 + 32
- 719 + 270
- 67 + 332

2

- 725 + 138
- 482 + 269
- 593 + 228
- 309 + 587
- 665 + 317
- 857 + 86
- 478 + 232
- 78 + 853
- 274 + 526
- 357 + 76
- 555 + 186
- 494 + 342
- 763 + 127

3 Trage die fehlenden Ziffern ein.

	3	2	5
+	1		4
		7	

	5		2
+		7	1
	7	8	

	1	6	4
+			
	8	8	8

+	3	1	5
	6	4	7

	2	5	
+		3	1
	3		2

	3	2	6
+			
	7	4	3

+	2	7	8
	6	4	2

			4
+	8	5	
	8	9	1

	2		3
+		2	
	7	0	0

		6	3
+	5	4	8
	9		

4

	3	1	8
+	1	5	4
+	2	2	3

	1	6	4
+	4	4	3
+	1	9	2

	4	2	8
+		6	7
+	3	2	6

		4	7
+	2	0	3
+	1	8	5

	6	3	1
+	1	7	5
+		3	8

5 Wähle jeweils zwei Karten aus und addiere schriftlich.

352 426 85 483 267

187 176 136 64 248

6 Richtig oder falsch? Kreuze an. Verbessere falsche Aufgaben.

☐ richtig ☐ falsch

	2	8	4
+	1	5	7
	1	1	
	4	4	1

☐ richtig ☐ falsch

	3	5	8
+	3	3	9
		1	
	6	9	7

☐ richtig ☐ falsch

	4	2	8
+	2	8	5
	1	1	
	7	0	3

☐ richtig ☐ falsch

	2	1	8
+	1	8	1
	1	1	
	4	0	9

1

856 − 324

993 − 210

587 − 184

349 − 237

742 − 431

496 − 283

639 − 125

855 − 855

792 − 551

368 − 247

2

532 − 218

421 − 118

836 − 428

367 − 256

477 − 284

613 − 384

246 − 72

952 − 549

333 − 163

224 − 183

615 − 244

838 − 546

751 − 167

552 − 86

3 Trage die fehlenden Ziffern ein.

731 − ☐21 = 4☐☐

583 − ☐☐☐ = 452

479 − 2☐☐ = ☐76

92☐ − ☐17 = 6☐1

☐☐☐ − 736 = 132

87☐ − ☐28 = 2☐3

6☐1 − 45☐ = ☐35

☐☐☐ − 333 = 194

712 − ☐☐☐ = 508

☐☐2 − 15☐ = ☐67

4

925	343	512	239	683
− 517	− 161	− 356	− 82	− 494
620	809	408	756	374
− 157	− 276	− 279	− 508	− 206

5 Subtrahiere schriftlich.

332 – 174 841 – 522 517 – 409 461 – 75

423 – 248 762 – 183 211 – 54 955 – 773

6 Setze fort.

727	747	767
− 54	− 154	− 254
−	−	−

Überschlagen mit Geld

1 Reicht das Geld? Überschlage.

ja nein

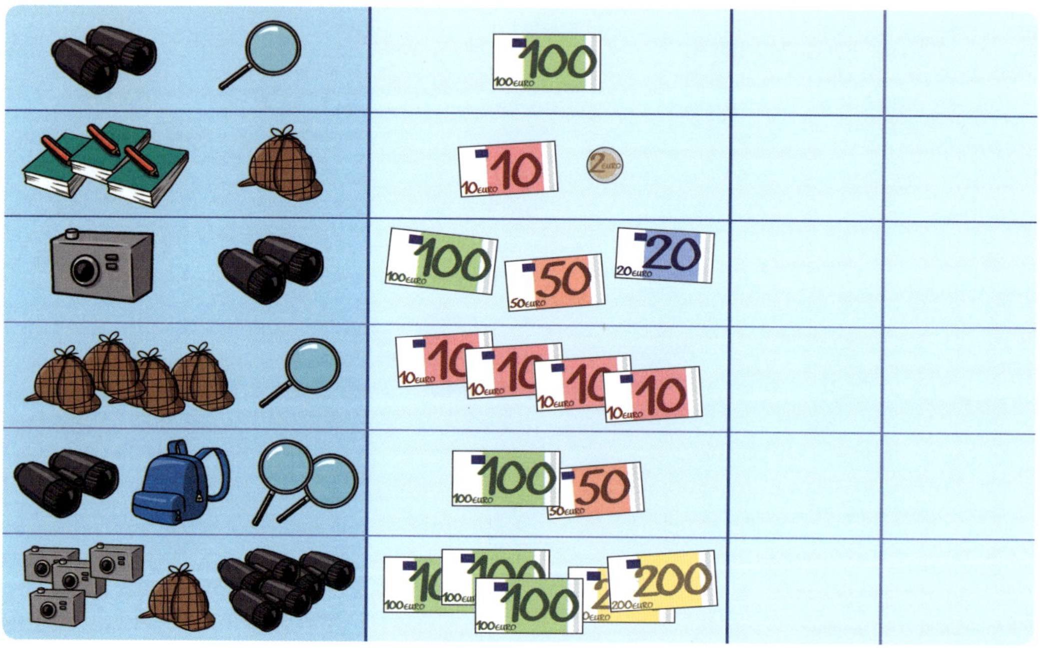

2 Welcher Überschlag passt? Kreuze an.

19,95 € + 23,80 €
- ☐ 20 € + 24 €
- ☐ 10 € + 20 €

12,85 € – 3,42 €
- ☐ 20 € – 5 €
- ☐ 13 € – 3 €

144,90 € – 14,95 €
- ☐ 40 € – 20 €
- ☐ 145 € – 15 €

7,75 € + 21,85 €
- ☐ 8 € + 22 €
- ☐ 5 € + 85 €

31,25 € + 18,65 €
- ☐ 30 € + 20 €
- ☐ 35 € + 29 €

85,24 € – 17,65 €
- ☐ 86 € – 18 €
- ☐ 85 € – 18 €

1

	2	4,	9	5	€
+		3,	8	7	€

		4	4,	7	5	€
–	1	6,	2	9	€

		2,	8	5	€
+	1	9,	7	8	€

	3	6,	9	0	€
–	1	8,	6	5	€

2 Überschlage im Kopf. Markiere und rechne alle Aufgaben, deren Ergebnis größer als 30€ ist.

12,08 € + 19,47 €

18,15 € + 4,58 €

50,10 € – 28,49 €

75,94 € – 43,19 €

7,63 € + 16,03 €

47,35 € – 28,75 €

192,05 € – 168,49 €

19,85 € + 14,63 €

3

	3	2,	5	9	€
+	2	7,	1	5	€
+	1	3,	4	8	€

	2	0	4,	9	8	€
+	1	5	7,	8	0	€
+		9	6,	5	5	€

	3	6	8,	0	6	€
+		8	0,	7	3	€
+	1	0	9,	0	8	€

		7	8,	6	2	€
+	3	5	4,	0	9	€
+	1	8	5,	6	7	€

1 Die beiden Detektive Schleich und Klein vergleichen die Uhrzeiten. Schleich hat eine Armbanduhr mit Stunden- und Minutenzeiger, die immer richtig geht. Klein muss die Uhrzeit auf seinem Mobiltelefon häufig korrigieren.

Schleich **Klein**

Zeigt Detektiv Kleins Uhr die richtige Zeit? Falls nein, schreibe die richtige Uhrzeit auf.

☐ ja ☐ nein ____ : ____ Uhr

☐ ja ☐ nein ____ : ____ Uhr

☐ ja ☐ nein ____ : ____ Uhr

☐ ja ☐ nein ____ : ____ Uhr

2 Die beiden Detektive treffen sich nach $1\frac{1}{2}$ Stunden wieder. Wie spät ist es jetzt? Zeichne ein und schreibe auf.

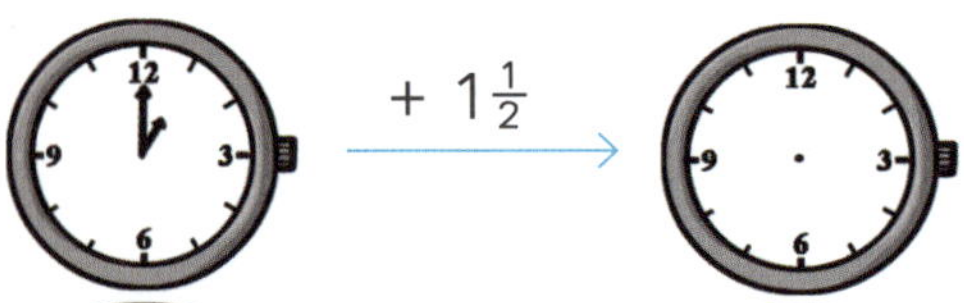

____ : ____ Uhr

____ : ____ Uhr

____ : ____ Uhr

____ : ____ Uhr

3 Was gehört zusammen? Verbinde.

15 Minuten	$1\frac{1}{2}$ Stunden
30 Minuten	$\frac{1}{4}$ Stunde
45 Minuten	$\frac{1}{2}$ Stunde
60 Minuten	$\frac{3}{4}$ Stunde
90 Minuten	1 Stunde

4 Agentin Agathe beobachtet, dass sich der Verdächtige an drei Abenden mit einem Unbekannten zu geheimen Gesprächen trifft. Wie viele Stunden und Minuten dauern die Gespräche jeweils?

1. Abend	20:16 – 21:47 Uhr	____ h ____ min
2. Abend	20:09 – 21:53 Uhr	____ h ____ min
3. Abend	21:31 – 23:49 Uhr	____ h ____ min

5 Agentin Agathe beschattet den Verdächtigen immer genau 8 Stunden und 15 Minuten lang. Um wie viel Uhr macht Agathe jeweils Feierabend?

Beginn der Verfolgung	Ende der Verfolgung
10:15 Uhr	________ Uhr
20:27 Uhr	________ Uhr
12:08 Uhr	________ Uhr
23:56 Uhr	________ Uhr

1 Der Dieb versucht, ein Fahrrad zu stehlen.
Es ist mit einem Zahlenschloss gesichert.

Der Dieb konnte beobachten, dass der Besitzer die Ziffern 2, 6 und 8 benutzt hat, jede ein Mal.
Welche Möglichkeiten gibt es mit diesen 3 Ziffern?

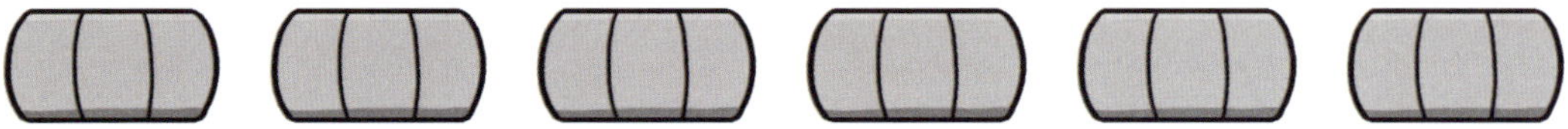

2 Ein anderes Fahrrad ist ebenfalls mit einem Zahlenschloss gesichert. Die erste Ziffer ist eine 1, die zweite eine 5.
Wie viele Möglichkeiten gibt es dann für die Ziffernkombination?

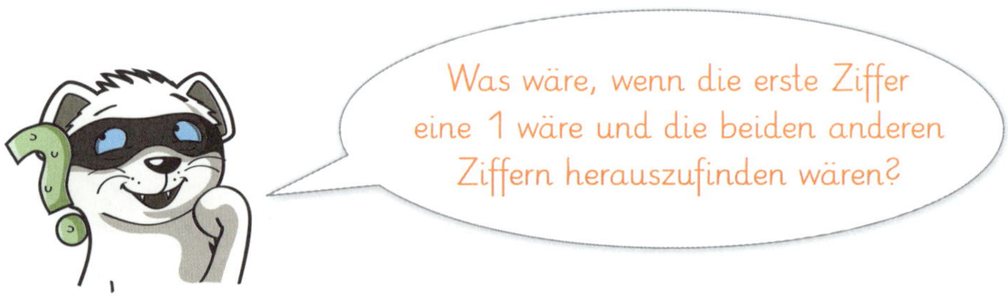

3 Detektiv Willi übernimmt einen neuen Fall und möchte sich schick machen. Er hat drei Mützen, zwei Mäntel und zwei Brillen zur Auswahl.

Welche Möglichkeiten hat Willi, sich anzuziehen?

Wie viele Möglichkeiten hätte Willi, wenn er nur zwei Mützen, zwei Mäntel und zwei Brillen hätte?

Diagramme

Die Kaufhausdetektive Willi und Billi sollten ermitteln, wann die meisten Ladendiebstähle passieren. Dazu führten sie drei Monate lang eine Strichliste.

9:00 Uhr bis 12:00 Uhr		12
12:00 Uhr bis 15:00 Uhr	𝍸 |	
15:00 Uhr bis 18:00 Uhr		24
18:00 Uhr bis 21:00 Uhr		

1 Die Ergebnisse wurden in einem Kreisdiagramm festgehalten. Insgesamt konnten die Detektive 48-mal einen Dieb erwischen. Fülle die Tabelle fertig aus und färbe das Kreisdiagramm.

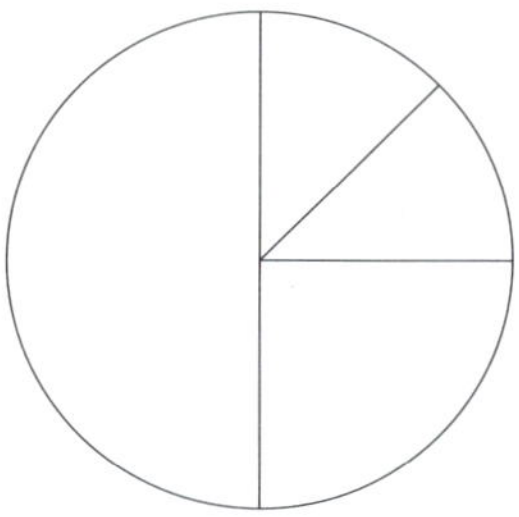

2 In welchem Zeitraum geschahen die meisten Ladendiebstähle?

____

3 In diesem Kreisdiagramm sieht man, welche Dinge wie oft gestohlen wurden. Ordne zu. Kosmetik und Spielwaren wurden gleich oft gestohlen.

Die meisten Diebe nahmen Elektronikartikel mit. Kleidung wurde doppelt so häufig gestohlen wie Kosmetik.

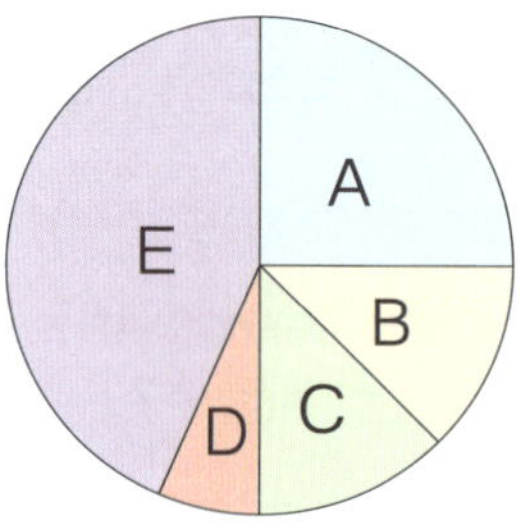

Kosmetik: ______

Elektronikartikel: ______ Spielwaren: ______

Kleidung: ______ Sonstiges: ______

Agentin Agathe soll einen Fall lösen. Ein Besucher des Jahrmarkts fühlt sich betrogen. Er wollte Glücksrad D drehen. Da dieses besetzt war, ließ der Budenbesitzer ihn Glücksrad B drehen. Er sagte, dies hätte ja auch zwei Felder von jeder Farbe.

1 Ist der Besucher betrogen worden? Begründe.

____

____

2 Setze das richtige Wort ein.

sicher | wahrscheinlich | unwahrscheinlich | unmöglich

Bei Glücksrad D ist es ______________, Rot zu treffen.

Bei Glücksrad A ist es ______________, einen Gewinn zu erhalten.

Bei Glücksrad C ist es ______________, einen Hauptgewinn zu erhalten.

3 Male das Glücksrad so an, dass es **wahrscheinlich** ist, Grün zu treffen.

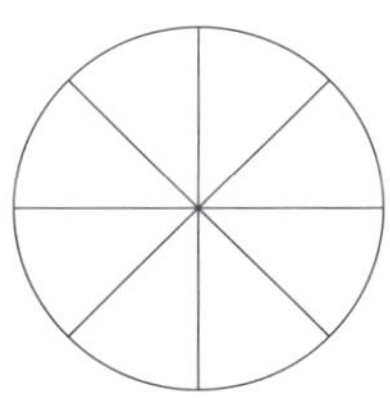

Multiplizieren mit großen Zahlen

1

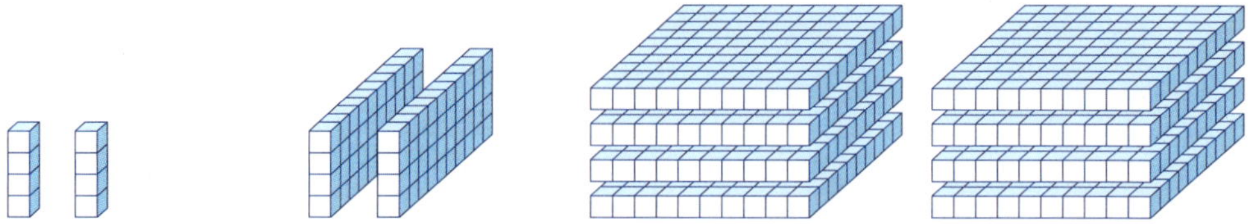

$2 \cdot 4 =$ ____ $2 \cdot 40 =$ ____ $2 \cdot 400 =$ ____

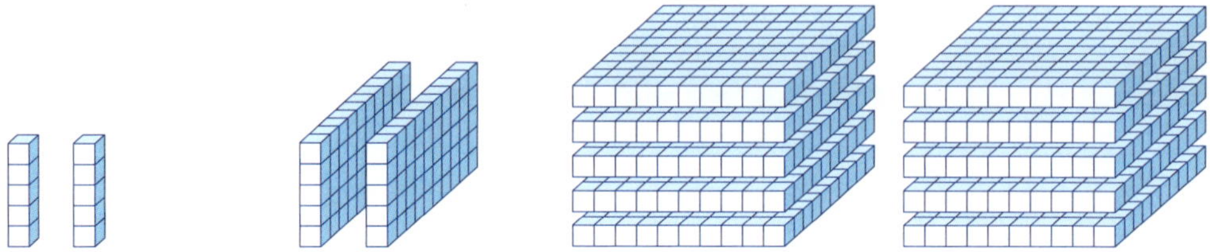

$2 \cdot 5 =$ ____ ________ ________

2

$2 \cdot 3 =$ ____	$4 \cdot 2 =$ ____	$3 \cdot 3 =$ ____
$2 \cdot 30 =$ ____	$4 \cdot 20 =$ ____	$3 \cdot 30 =$ ____
$2 \cdot 300 =$ ____	$4 \cdot 200 =$ ____	$3 \cdot 300 =$ ____
$5 \cdot 2 =$ ____	$3 \cdot 2 =$ ____	$3 \cdot 4 =$ ____
$5 \cdot 20 =$ ____	$3 \cdot 20 =$ ____	$3 \cdot 40 =$ ____
$5 \cdot 200 =$ ____	$3 \cdot 200 =$ ____	$3 \cdot 400 =$ ____

3

·	10	20	30	40	50	60	70	80	90	100
2										
3										
4										
5										
10										

1

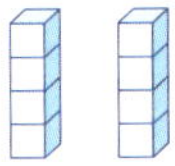

8 : 2 = ____
8 : 4 = ____

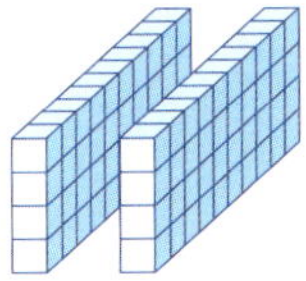

80 : 2 = ____
80 : 40 = ____

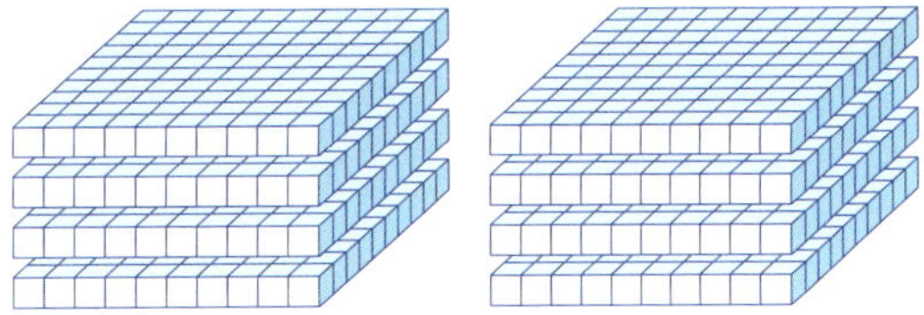

800 : 2 = ____
800 : 400 = ____

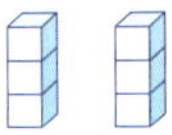

6 : 2 = ____
6 : 3 = ____

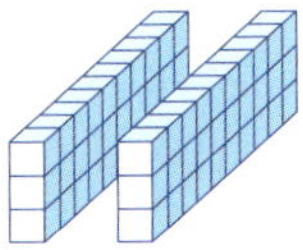

60 : 2 = ____
60 : 30 = ____

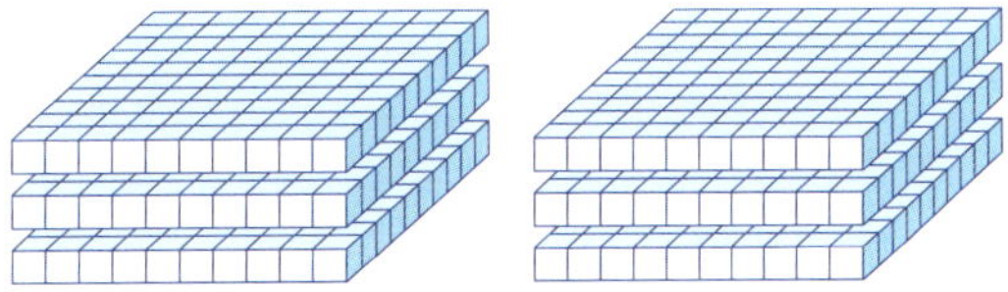

600 : 2 = ____
600 : 300 = ____

2

20 : 4 = ____
200 : 4 = ____
200 : 40 = ____

40 : 4 = ____
400 : 4 = ____
400 : 40 = ____

16 : 4 = ____
160 : 4 = ____
160 : 40 = ____

42 : 6 = ____
420 : 6 = ____
420 : 60 = ____

42 : 7 = ____
420 : 7 = ____
420 : 70 = ____

56 : 7 = ____
560 : 7 = ____
560 : 70 = ____

3 Finde passende Malaufgaben.

320	350	720
4 · 80		
40 · 8		

1 Schätze. Wie viele Punkte sind es ungefähr? Wie rechnest du?

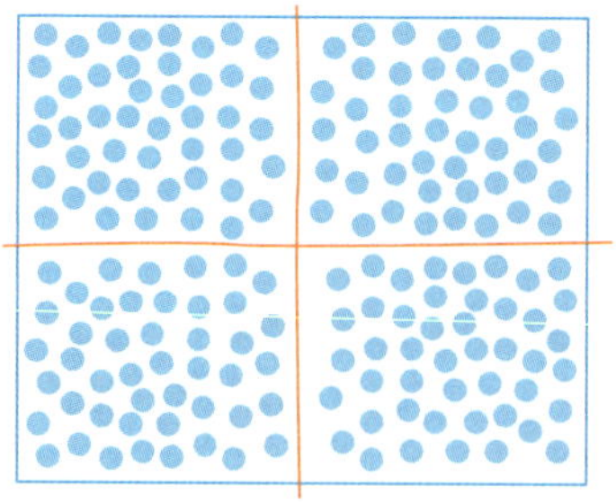
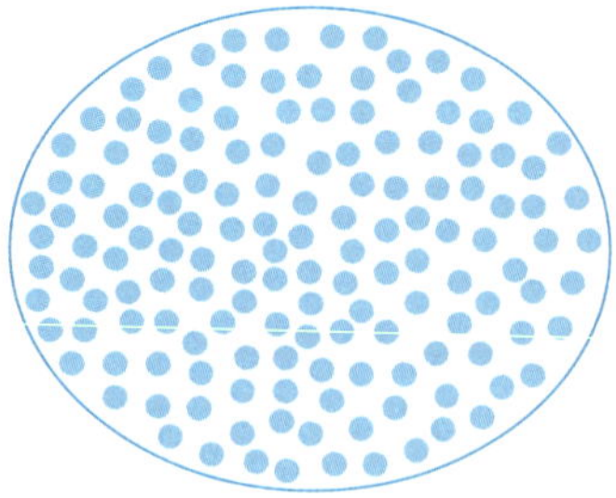
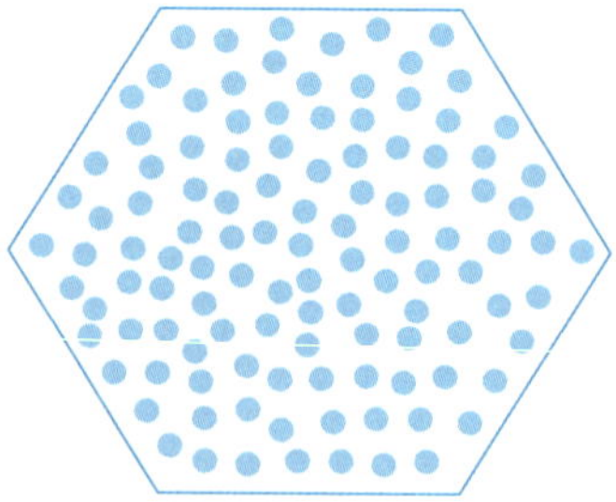

ungefähr: ______
Mein Lösungsweg:

ungefähr: ______
Mein Lösungsweg:

ungefähr: ______
Mein Lösungsweg:

2 Schätze. Wie viele Perlen sind ungefähr in jedem Glas?
Wie rechnest du?

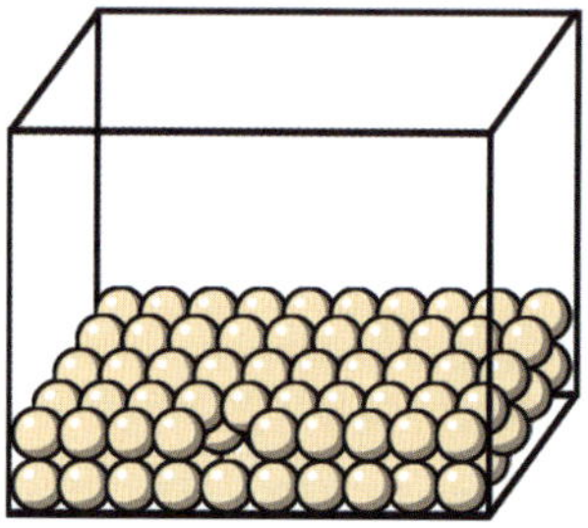
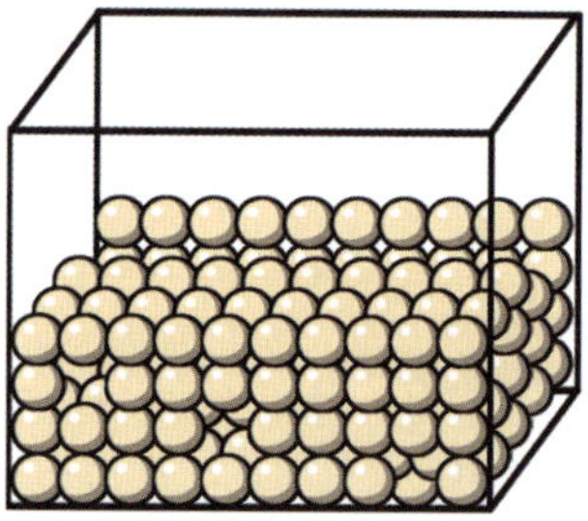
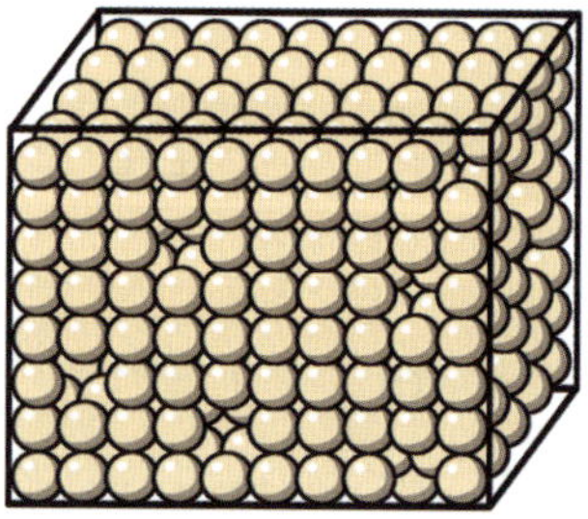

ungefähr: ______
Mein Lösungsweg:

ungefähr: ______
Mein Lösungsweg:

ungefähr: ______
Mein Lösungsweg:

1 Welche Rechnungen stimmen?
Kreuze an.

$7 \cdot 5 + 3 = 38$ ☐
$7 \cdot 5 + 3 = 56$ ☐

$20 : 5 + 5 = 9$ ☐
$20 : 5 + 5 = 2$ ☐

$9 \cdot 6 - 4 = 18$ ☐
$9 \cdot 6 - 4 = 50$ ☐

$24 : 6 - 3 = 8$ ☐
$24 : 6 - 3 = 1$ ☐

2 $4 + 7 \cdot 5 =$ ____
$9 \cdot 4 + 8 =$ ____
$6 \cdot 8 + 7 =$ ____
$5 + 8 \cdot 8 =$ ____

$6 + 6 \cdot 6 =$ ____
$8 + 4 \cdot 3 =$ ____
$5 \cdot 5 + 8 =$ ____
$4 \cdot 7 + 5 =$ ____

$60 - 4 \cdot 5 =$ ____
$4 \cdot 5 - 20 =$ ____
$10 \cdot 8 - 7 =$ ____
$30 - 2 \cdot 8 =$ ____

$3 \cdot 5 + 2 =$

3 $16 : 4 + 9 =$ ____
$8 + 15 : 3 =$ ____
$49 : 7 + 7 =$ ____
$7 + 49 : 7 =$ ____

$63 + 9 : 3 =$ ____
$60 : 6 + 4 =$ ____
$44 + 4 : 4 =$ ____
$9 + 12 : 4 =$ ____

$80 : 8 - 6 =$ ____
$18 - 9 : 9 =$ ____

5 · 29 = ____

5 · 20 = 100	5 · 30 = 150
5 · 9 = 45	5 · 1 = 5
100 + 45 = 145	150 – 5 = 145

1 Rechne auf deinem Weg.

3 · 34 = ____

8 · 41 = ____

4 · 45 = ____

7 · 39 = ____

3 · 124 = ____

2 · 449 = ____

2 Wo ist der Fehler im Rechenweg? Kreuze an. Rechne richtig.

5 · 24 =

5 · 20 = 120 ☐

5 · 4 = 20 ☐

120 + 20 = 140 ☐

6 · 54 =

6 · 50 = 300 ☐

6 · 4 = 26 ☐

300 + 26 = 326 ☐

3 · 246 =

3 · 200 = 600 ☐

3 · 40 = 140 ☐

3 · 6 = 18 ☐

600 + 140 = 740 ☐

740 + 18 = 758 ☐

4 · 249 =

4 · 250 = 1 000 ☐

1000 − 9 = 991 ☐

Halbschriftliches Dividieren

92 : 4 = ______

40	:		4	=	10		
40	:		4	=	10		
12	:		4	=	3		
10	+	10	+	3	=	23	

80	:	4	=	20
12	:	4	=	3
20	+	3	=	23

100	:	4	=	25
8	:	4	=	2
25	–	2	=	23

1 Rechne auf deinem Weg.

51 : 3 = ______

84 : 4 = ______

96 : 8 = ______

78 : 3 = ______

126 : 3 = ______

378 : 6 = ______

2 Wo ist der Fehler im Rechenweg? Kreuze an. Rechne richtig.

85 : 5 =
100 : 5 = 20 ☐
15 : 5 = 3 ☐
20 + 3 = 23 ☐

75 : 3 =
30 : 3 = 10 ☐
30 : 3 = 10 ☐
15 : 3 = 5 ☐
10 + 10 + 5 = 35 ☐

172 : 4 =
160 : 4 = 80 ☐
12 : 4 = 3 ☐
80 + 3 = 83 ☐

216 : 3 =
21 : 3 = 7 ☐
6 : 3 = 2 ☐
7 + 2 = 9 ☐

195 : 5 =
200 : 5 = 40 ☐
5 : 5 = 1 ☐
40 + 1 = 41 ☐

1 Agentin Agathe verfolgt den Verdächtigen mit der Bahn.
Der Verdächtige steigt einmal um.

1. Strecke	2. Strecke	gefahrene km insgesamt
270 km	350 km	______ km
321 km	690 km	______ km
277 km	408 km	______ km
99 km	513 km	______ km
127 km	305 km	______ km

2 Die Detektive Schleich und Klein fahren nach der Verfolgung eines Verdächtigen nach Hause.

Kilometerstand zu Hause	600 km	180 km	999 km
Kilometerstand nach der Verfolgung	570 km	92 km	777 km
Länge des Heimweges	____ km	____ km	____ km

3 Die Detektive Schleich und Klein trainieren von Montag bis Donnerstag ihre Kondition. Detektiv Klein läuft täglich einen Kilometer. In derselben Zeit läuft Detektiv Schleich

Mo: 200 m   Di: 270 m   Mi: 330 m   Do: 410 m

Wie viele Meter fehlen jeweils noch bis zu einem Kilometer?

Mo: ______ m   Di: ______ m   Mi: ______ m   Do: ______ m

4 Die Detektive Schleich und Klein trainieren mit dem Fahrrad.

Detektiv Klein	
km	**Zeit**
16 km	1 h
8 km	___ min
___ km	15 min
___ km	45 min

Detektiv Schleich	
km	**Zeit**
9 km	1 h
___ km	20 min
___ km	40 min
___ km	2 h

5 Ergänze zum vollen und halben Kilometer.

1 km	$\frac{1}{2}$ km	750 m	1000 m	500 m	200 m	100 m	50 m
	500 m	___ m	___ m	___ m	___ m	___ m	___ m
$\frac{1}{2}$ km	100 m	500 m	$\frac{1}{2}$ m	2 m	20 m	200 m	222 m
	___ m	___ m	___ m	___ m	___ m	___ m	___ m

6 Ordne zu. Verbinde.

 • • 14 mm

 • • 50 mm

 • • 145 mm

 • • 45 cm

 • • 100 cm

1 Die Detektive Schleich und Klein haben einen Teil der Beute gefunden. Der Sack mit Gold wiegt 9 kg, der Sack mit Schmuck wiegt 6 kg.

a) Wie schwer sind beide Säcke zusammen?

____

b) Ein Zeuge schätzt, dass der Räuber ungefähr 6-mal so schwer ist wie beide Säcke zusammen.
Wie viel wiegt der Räuber ungefähr?

____

c) Ein anderer Zeuge schätzt, dass der Räuber etwa 10-mal so viel wiegt wie der Sack mit Gold.
Wie viel kg wiegt der Räuber vermutlich?

____

d) Als der Räuber gefasst wird, stellt sich heraus, dass er 30-mal so viel wiegt wie der halbe Sack mit Schmuck.
Welcher Zeuge hatte Recht?

____

____

____

2 Die beiden Detektive wiegen zusammen 160 kg. Wie viel kg wiegt jeder der beiden Detektive? Schreibe vier Möglichkeiten auf.

Detektiv Klein	____ kg	____ kg	____ kg	____ kg
Detektiv Schleich	____ kg	____ kg	____ kg	____ kg

3 Ordne zu. Verbinde.

50 g 200 g 380 g 5 g 1200 g

4 Ergänze zum halben und vollen Kilogramm.

$\frac{1}{2}$ kg	250 g	$\frac{1}{2}$ kg	500 g	125 g	75 g	7 g	1 g
	250 g	___ g	___ g	___ g	___ g	___ g	___ g
1 kg	500 g	$\frac{1}{2}$ kg	250 g	125 g	75 g	7 g	750 g
	___ g	___ g	___ g	___ g	___ g	___ g	___ g

5

Die Diebe haben zehn Ringe und zehn Armbanduhren gestohlen.
Wie schwer war die Beute?

Die Diebe haben ______________________

______________________ gestohlen.

Die Beute wiegt ______________________.

1 Wie weit sind die beiden Detektive insgesamt in der Woche gefahren?

Fahrten Schleich & Klein vergangene Woche:	
Montag	250 km
Dienstag	25 km
Mittwoch	175 km
Donnerstag	181 km
Freitag	99 km

In dieser Woche fahren die Detektive am Mittwoch und Donnerstag doppelt so weit. An allen anderen Tagen fahren sie genauso weit wie in der vergangenen Woche.
Wie weit sind sie insgesamt in dieser Woche gefahren?

Die Detektive haben im Schnitt für 100 km eine Stunde gebraucht. Wie viele Stunden waren die Detektive insgesamt etwa unterwegs?

- in dieser Woche: ______________________
- in der vergangenen Woche: ______________________

2 Agentin Agathe wiegt die Beute, die sie sichergestellt hat.

Gold	10 kg
Schmuck	20 kg
Perlenketten	5 kg
Armbanduhren	22 kg
Fotoapparate	30 kg

Wie viel wiegt die gesamte Beute?

Agentin Agathe bekommt pro Kilogramm Beute 3 € Belohnung.
Wie viel Geld erhält die Agentin insgesamt?

Wie viel Geld hätte Agathe bekommen, wenn sie nur Gold, Schmuck und Perlenketten gefunden hätte?

Wie viele Perlenketten hat Agentin Agathe etwa gefunden, wenn 50 Perlenketten zusammen ungefähr 1 kg wiegen?

Wie viele Fotoapparate hat Agathe etwa gefunden, wenn zehn Fotoapparate zusammen ungefähr 3 kg wiegen?

☐ 10 ☐ 100 ☐ 1000

STICKER

Würfelgebäude

1 Schreibe den Bauplan zu den Würfelgebäuden.

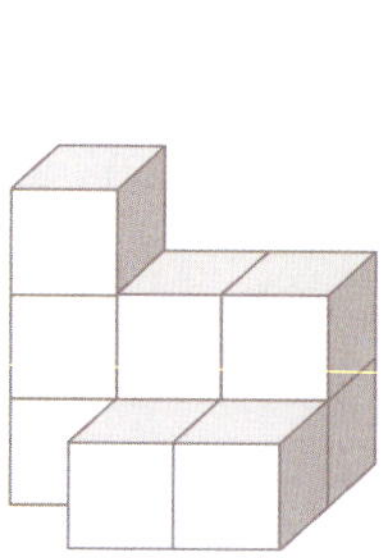

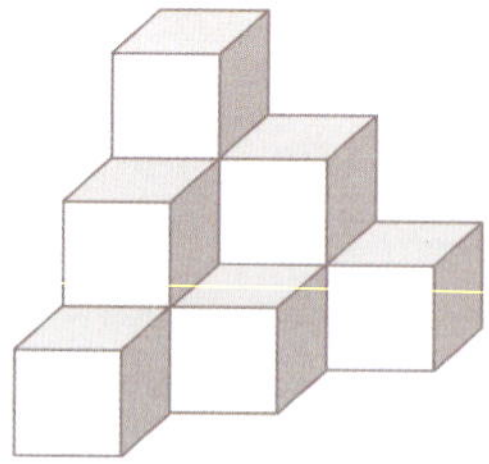

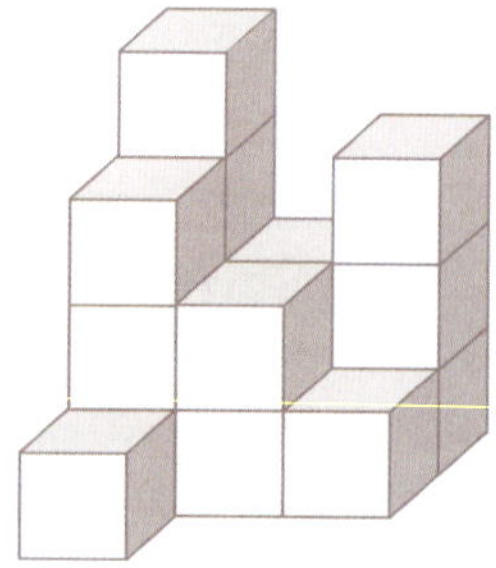

		2
	1	1

2 Wie viele Würfel brauchst du zum Bauen?

______

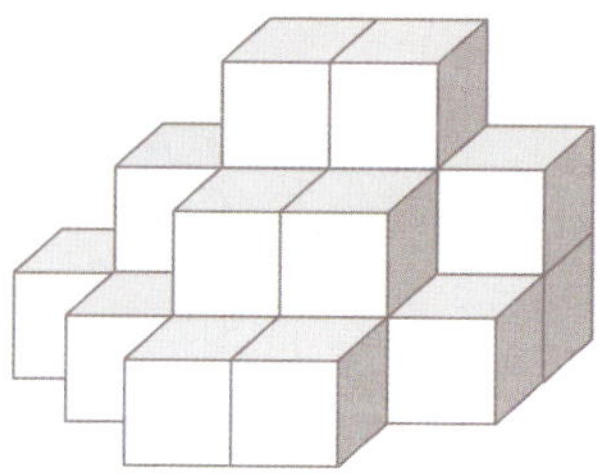

______

______

3 Wie viele Würfel fehlen, bis die Schachtel voll ist?

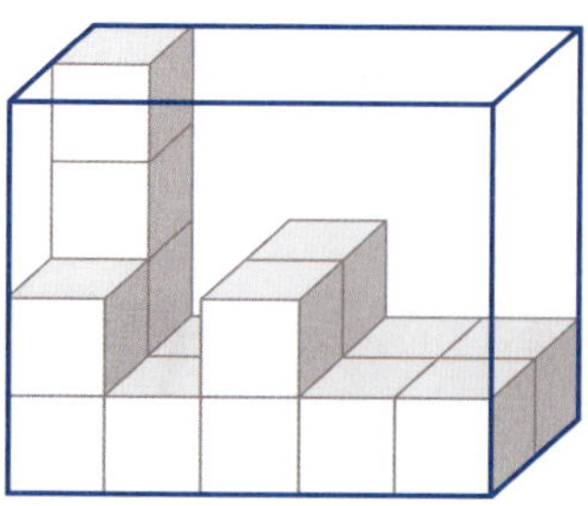

______

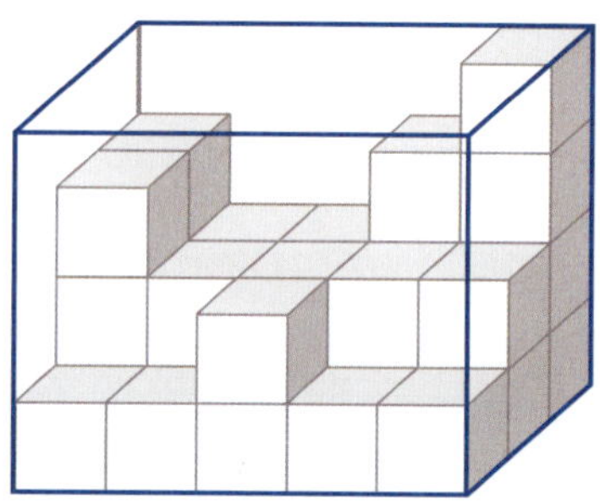

______

1 Auf der Suche nach einem großen Diamanten landen die Detektive Willi und Billi auf einer einsamen Insel.

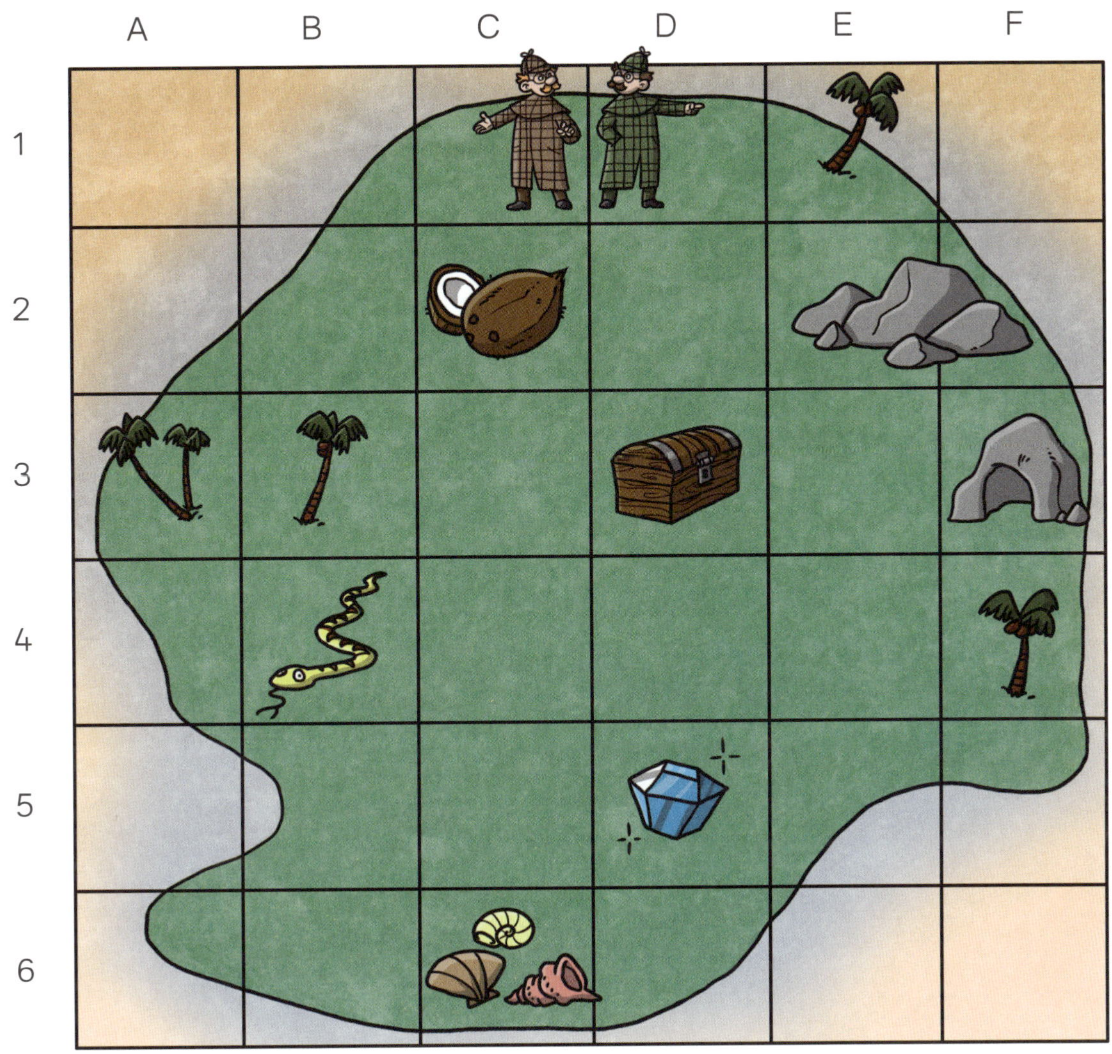

In welchen Planquadraten befinden sich die Gegenstände?

Kokosnuss C 2; Felsen ______, ______; Höhle ______

Schatzkiste ______; Muscheln ______;

Schlange ______; Diamant ______;

Palmen ______, ______, ______, ______

Gemischtes Rechnen bis 1000

1 Rechne.

+	27	61	200	334	750
50	K	E	F	H	O
56	A	R	M	H	M
234	M	I	U	T	W

−	12	50	62	110	212
800	Q	I	D	J	E
640	N	P	L	D	C
712	I	G	S	E	V

·	5	8	10	15	20
2	L	M	L	E	K
20	A	E	N	R	E
50	E	E	U	I	S

:	2	10	20	25	50
200	U	L	F	W	X
500	E	I	H	L	S
700	T	B	N	N	A

2 Suche die Ergebniszahlen.
Trage die entsprechenden Buchstaben ein.

77	800	256	806

261	295	568

750	628

530	5	602

16	30	160	300	400	1000	8	250	20	350